互联网没有记忆

WHEN WE ARE NO MORE

[美] 艾比·史密斯·拉姆齐 —————— 著

史兵 ————— 译

HOW DIGITAL MEMORY IS SHAPING OUR FUTURE

by ABBY SMITH RUMSEY

九州出版社

JIUZHOUPRESS

目　录

致敬

时空英雄

戴维·拉姆齐

第一部分

我们来自何处

我常想象已经没有我的大地，

一如既往，没有损失，依然是大戏台，

女人的时装，挂露珠的丁香花，山谷的歌声。

但是书籍将会竖立在书架，有幸诞生，

来源于人，也源于崇高与光明。

——切斯瓦夫·米沃什（Czwslaw Milosz），

《但是还有书籍》（*And Yet the Books*），1986

第 1 章

我们所知的记忆

早在 4 万多年前，人类就学会了如何欺骗死亡。他们把思想、情感、梦想、恐惧和希望转移到不死之物上。他们在洞穴的墙壁上作画，在动物骨头和石头上雕刻，用这些方式将他们的内心和精神世界延续到未来。世代相袭，人类已经创造了复杂的技术，可以将思想委托给更持久、更小型、更便携的对象。从 6 000 年前的泥板文书到莎草纸，再到印刷、摄影、录音，一直到现在的微型便携数字媒体工具，记录技术的每一次突破都使知识的存储得到了丰富，这无疑是人类这一个物种取得成功的关键。在数字时代，我们极大地扩展了记录信息的能力，让我们可以随心所欲地追求自己的好奇心，并寻求更多雄心勃勃的问题的答案。

但每隔一段时间，我们就会超越我们自己，我们不得不努力追赶我们的发明创造。我们所处的就是这样的一个时代。我们记忆系统（memory systems）的承载能力大大落后于我们产生信息的能力。

自 20 世纪 90 年代万维网诞生，到过去 10 年间社交媒体的发展，我们越来越强烈地感到被信息淹没。与此同时，我们又被信息丰裕所蕴含的强大力量和希望所吸引，甚至陷入狂热。我们需要越来越多的信息，越来越大的数据量。然而，似乎我们拥有的信息越多，我们就越难以掌控已知的知识。我们究竟该如何赶上自己？

人类淹没于自己的精巧发明所创造的财富之中，这已经不是第一次。信息技术的每一次创新都会促成一段时期的信息生产过剩以及信息膨胀，大量的信息使我们无法管理我们生产的信息，从古代美索不达米亚人发明楔形文字至今一直如此。拥有大量的知识却不知道如何去使用，同时又渴望获得更多知识，这是一种人类状态，是我们与生俱来的好奇心的产物。

但如今，我们面临的情形在质量和数量上都有所不同。我们再也不能依靠几千年来磨炼的技能，通过管理实体物件（无论是纸莎草卷轴还是平装书）来管理我们的知识。我们必须学会精通电力网、计算机代码，以及我们用来创建、存储和读取记忆的大型机器。精通到何种程度以及如何精通就是当今的前沿知识。

我们面前的数字景观大多还未探明，我们只有进入它进行探索才能了解其中的未知之地。幸运的是，尽管未知领域可能很广阔，但数字技术本身也能助我们一臂之力，它能加快新知识在急于探索未知领域的人与缓步适应的人之间的交流。随着这些前沿技术不断被攻克，我们认识到长久以来对人类集体记忆的理解已经过时，它不再需要附着于不死的实物之上，也不再受时间和空间的限制。数字记忆（digital memory）无处不在，虽然它无比脆弱；数字记忆无边无界，虽然它先天不稳定。因此，精通数字记忆意味着在开发其优势的同时，还要克服其弱点。我们将在数字时代研究记忆存储的未来（the future of memory），探索数字记忆的优缺点。

　　我在 1997 年第一次深刻地意识到人类记忆走向数字化所产生的后果，当时我正在美国国会图书馆带领一个策展人团队策划一场综合馆藏展览。这场展览前所未有，图书馆刚刚获得了它的第 1 亿件藏品，我们要从中挑选数百件来展示国会图书馆 200 年的历史，乃至美国人民的历史。藏品如此丰富，我们挑花了眼。国会图书馆是美国版权局所在地，并且它始终忠实于其创始人托马斯·杰斐逊的愿景，致力于建立一个综合的全景式人类知识收藏库，可以说它的藏品包含了每一种记录信息的介质，从宣纸、棕榈叶、油印纸、葱皮纸，到鲸骨、鹿皮，再到蜡筒留声机、早期的电视显像管、记录无声电影的硝酸胶片、画有地图的牛皮纸、平板电脑大小的玻璃板底片，当然还有记录计算机代码的磁带、软盘和硬盘。

　　从 1 亿件藏品中挑选出几百件非常容易，因为每件藏品都有一个故事。例如《独立宣言》的初稿讲述的是美国如何诞生的故事，它是在 1776 年 7 月由托马斯·杰斐逊在几天之内起草，并由本杰明·富兰克林、约翰·亚当斯、罗杰·谢尔曼和罗伯特·利文斯顿共同修订完成的。在这份初稿上，托马斯·杰斐逊的手迹清晰易读，其中有一些段落被浓重的黑墨水线条大胆地划掉，一旁有亚当斯和富兰克林的修改。

看到杰斐逊的这篇受人崇敬的文本上有这些生动的修订痕迹，人们总会感到惊叹。他们震惊于这份著名文件中最著名的那句话——"我们认为下述真理是不言而喻的，人人生而平等"——并不是杰斐逊所写的，他写的是真理"神圣不可否认"。我们今天熟知的这句话实际上是本杰明·富兰克林修改而成的。《独立宣言》的追踪修订版令人陌生又熟悉，却直观地表明了开国元勋之间的分歧和妥协。原始文件用一种陌生且全新的方式呈现了过去的事件，让我们看到事件的戏剧性、动机的复杂性和结论的不可预测性。

历史学家们继续挖掘这份四页纸的草稿，从中寻找殖民地叛乱早期阶段的线索。作为一名历史学家，我熟悉处理原始文件的兴奋之情。我也知道直接使用原始文件进行研究是多么激动人心，甚至有时会让人心潮起伏。这几张在时间里褪了色的纸使得现在和过去建立了奇妙的物理联系。然而，我印象最深刻的是这份草稿对游客的冲击。对许多游客来说，图书馆只是他们走马观花式的首都游的其中一站。他们到图书馆的时候常常又累又热，而且他们往往对历史不感兴趣。但这份原始文件却有与众不同的魅力。他们在走近陈列柜时会安静下来，低下头朝玻璃里望去，他们专注于一行行被划掉的文字，仔细辨认字里行间的潦草字迹，理解他们所看到的东西。他们的反应是发自内心的。即使在光线昏暗的防弹玻璃陈列柜里，这份原始手稿仍然散发出一种"神圣不可否认"的气息。

就在那时，我开始认真思考记忆存储在数字时代的未来——尽管我更想用"担心"这个词。200年后，或甚至50年后，我的继任者会展示哪些藏品？如果过去没有留下不可否认的实物，人们会如何与过去的人产生这种独特的发自内心的联系呢？我们在 1997 年展览的藏品都是经受住时间考验的事物。数字信息将无法经受住时间的考验，这一点不言而喻。到那个时候，互联网页面在更改或消失前平均存在时间仅为 44 天[①]。我们似乎正以惊人的速度，从产出相对匮乏的知识经济，转向产出无限丰富的知识经济。根据 2015 年的最新统计，国会图书馆拥有超过 1.6 亿件馆藏，和 1997 年的 1 亿件相比有惊人的增长。但是与网络上流通的信息数量相比，它的馆藏虽不至于说是匮乏的，也至少可以说是可控的。工程师们正在建造世界上最大的射电望远镜——平方千米阵列（Square Kilometre Array）[②]，他们估计，这台望远镜投入使用后每天将产生"多达 1 艾字节（也就是 10^{18} 字节）的数据，大约相当于整个互联网在 2000 年全年处理的数据量"。而网络本身也在势不可挡地发展。据一家数据存储公司估计，全球网络数据增长速度从 2012 年的 27 亿太字节（TB）跃升至 2015 年的 80 亿太字节。[③] 但是我们应该如何计算数据

---

① *Preserving Our Digital Heritage*，vol. 2，53.

② 参阅 "Cloud computing"，543. 有关平方千米阵列的更多信息请参见 skatelescope.org。平方千米列阵的建设于 2018 年开始，计划 2030 年建成，它将在澳大利亚和南非部署 1 平方千米的带有天线的收集信息的空间。

③ http://cdn.idc.com/research/Predictions12/Main/downloads/IDCTOP10 Predictions 2012.pdf.Accessed June 8, 2012。尽管 IDC 的这一预测在当时被广泛引用，但这一链接已经很早就失效了。"1PB 等于 1 000TB，也就是 1 000 万亿字节。1TB 是由 1 000GB 组成的。有 1GB 等于 1 000MB，即 1 千兆字节。1ZB 中有 100 万 PB。"Jonathan Shaw，"Why 'Big Data' is a Big Deal"，*Harvard Magazine*，March-April 2014，33。

却没有人真正知道，甚至尚未达成一致。

我们怎样才能避免被数据洪流淹没？过去，书写材料的成本，复制书籍所需的人力成本，以及传播和提供书籍、图册、照片、胶片和录音的成本都很高。这些成本限制了生产速度，实际上也就筛选了谁可以接触到哪些知识和创意。维护大量冗余的物理存储需要巨大的开销，这意味着我们需要花很高的成本保存并使它们长期维持功能，问题仍然是："我们花费重金应该存储哪些东西？"

如今，突然之间，这种筛选消失了，信息以电子的速度传播，几乎没有障碍。现在，每个拥有电脑的人都可以出版自己的书，发行自己的电影，播出自己的音乐，并在全球即时发布他们硬盘或智能手机上的内容。现如今的问题是："我们能忍受错过哪些东西？"

尽管这似乎是一个令人望而生畏的问题，但我们可以通过很多过去的信息，知晓人类以前是如何做出这些选择的，因为长久以来人类遇到过许多次信息膨胀。记录技术的每一次创新都无一例外地伴随着这一问题。苏美尔人第一次发明文字来记录粮食收成信息的时候，他们就遇到了难题，不知道该把这么多泥板放在哪里才能保证它们不会损坏或被盗，还能保证它们在需要的时候能够方便拿取。欧洲人推行印刷术后，市场上就充斥着与《圣经》这类权威文本相互竞争、相互矛盾的书籍。而当我们通过唱片记录音频时，同样面临着这样的难题——唱片会因为处理不当而破裂，而硝酸盐胶片上记录的电影画面，即使在没有氧气的情况下，也会燃烧和爆炸。每一项创新都促使人们重新思考如何利用这些使人惊叹的先进存储技术，每一项创新都充满了未知潜力，而这些潜力只有通过实验才能发现。每一次进步都需要花费巨额成本，更换已经安装到位的信息基础设施。创造者、出版商、图书管理员和档案管理员都在争先恐后地追赶每一次技术进步和创新。无论它们在当时看起来代价有多高，最终都是值得的，因为我们可以自由自在地重新想象人类集体记忆，也能够捕捉更多的人类体验。

人类共有知识和专门技术的体量不断增长，这一点决定性地塑造了我们与其他物种截然不同的命运。随着我们改进记录技术，发明出更多更结实、更便携的媒介来保存我们的知识，我们获得了对地球的统治权。我们的文化和技术是我们最根本的权力工具，使人类的适应策略远远超越了生物进化规律，而其他物种仍然必须严格遵循这些进化规律。然而，在21世纪初，我们却毫无预兆地开始了一场巨大的自然实验，4万年来人类利用实物保存思想并战胜死亡的方法变得过时了。永久地保存知识，这一承诺已然一去不返。我们正在用计算机代码取代书籍、地图和视听记录，而计算机代码的稳定性甚至不如人类记忆本身。代码会迅速被新代码覆盖或过时淘汰。人类获取数字数据完全依赖于机器。反过来，这些机器则完全依赖于不间断的能源供应，并且只有服务器农场才能进行存储和提供数字数据。

我们如何保证这个不受控制的人类记忆实验能够给我们带来好处？在寻找答案的过程中，我们将回顾过去，探索我们过往如何克服信息膨胀的挑战。我们将一窥人类的大脑，去了解在没有显意识帮助的情况下，大脑的自然筛选系统如何决定保存哪些信息，丢弃哪些信息，我们会发现从中获得的见解往往出人意料且与直觉相悖。历史经验和当代科学为维持人类的集体记忆和管理我们个人的数字档案提供了至关重要的见解。

伟大的思想

要使我们身处的这场实验取得好的结果，我们需要消除两个主要的错误观念。第一种观念认为，今天的富足是一种新现象，人类历史上从未有过，它始于计算机，由科技推动。这就像是把你脸上的瑕疵归咎于镜子。技术是人类意志的工具，而不是反过来。的确，信息生产的速度加快了，计算机能够轻易地进行完美的复制，这毫无疑问增加了冗余信息的存储量。我们也可以轻而易举地推动已经膨胀的数据宇宙继续膨胀。但是，当前的信息膨胀并非始于20世纪90年代互联网商业化之时，也不是始于20世纪40年代军方发明电脑之时，它始于19世纪上半叶。另外，使我们身处目前境地的，也不是技术创新，而是一种思想。这个革命性的思想认为，宇宙和世间万物都处于物质的因果链中。

哲学上称之为唯物主义（materialism），这种思想本身非常古老，它是古希腊德谟克利特（约公元前460—前370年）思想的核心，因卢克莱修（约公元前99—前55年）的《物性论》中的一首诗而不朽。我们也可在古代印度和中国哲学中找到它的踪迹。但是当西方科学家掌握了物质存在因果关系的观点后，他们没有像哲学家那样仅关注于用物质解释世界。他们分析物质，探索新的知识来掌握大自然的秘密，而他们的政治对手则利用这些知识来改变世界。因此，到了19世纪30年代，对物质证据的大搜寻开始了。调查研究工具被迅速发明出来，推动了新信息技术的扩散。从1838年的银版照相法，到2013年发明的大型强子对撞机中用来检测新的亚原子粒子痕迹的强大影像工程学，我们的信息技术都源自这样一个洞见，即物质记录了宇宙的历史，因为它是一种缓慢而客观的信息，宇宙用原子书写自己的自传。人类集体记忆从旧石器时代的洞穴壁画到万维网的演变过程，讲述的就是将物质作为存储载体这一思想是如何和为何占据主导地位的，以及它对今天的我们意味着什么。

文化的发展是断断续续的。历史的进程充斥着虚假的承诺和"死胡同"，随着环境的变化，在一段时间内行之有效的实验随后又被证明不合时宜。但是当多种力量联合起来加速和改变事件轨道时，也会出现快速变化的时刻和拐点。引领和推动19世纪科学进步并使之成为今天信息膨胀的开端的拐点有4个：（1）在美索不达米亚以行政和商业为目的而发展的文字以及对征税的专业管理；（2）古希腊人为了追求知识而把图书馆作为培养知识的场所；（3）文艺复兴时期希腊罗马著作的复兴和活字印刷术的发明共同推动了西方进入了现代；（4）18世纪的启蒙运动重塑了知识，它转变为一个动词——进步，并增加了国家的责任，确保信息自由。

这些拐点都指向18世纪初的关键时刻，当时一些好奇的地质学家发现岩石就像时钟，只要得到正确的解读，岩石可以用来测定地球的时间，而地球比人们想的要古老得多。也就是从那时起，科学从理性时代进入了当今的物质时代，开始了对世间万物的物质证据的伟大探索。在我们探索世界和自身的传奇历程中，数字时代只是最新的一个阶段。当今席卷全球的丰裕信息经济就源自西方思想史的这一拐点，也正是西方创造了当今通行世界的文字：在全球网络上传播的数字化代码。

记忆是什么

第二个错误观点是我们对记忆本身的过时看法。计算机不是对大脑的精确模拟。科学家们现在明白了，自然记忆是动物适应环境的主要机制。刺猬和人类都拥有自然记忆，它与我们用来存储信息的书籍和硅晶片等人工记忆（存储工具）不同。记忆是动物一生中获得的全部知识，目的是为了在一个不断变化的世界中生存。本质上，动物所知的一切都没有预先编入其 DNA 中。考虑到世界的复杂性，自然记忆采取的是"少即是多"的路径。它在处理日后很可能会派上用场的信息时节制而有预见性。就像一个旅行家花一周的时间把所有必需品都塞进一个小旅行袋一样，大脑通过精密的关联网络，把大量的相似信息组合压缩在一个个微小空间里。

通过学习新事物，我们对世界的认识与时俱进。幸运的是，我们的记忆不是固定不变的，不然我们将处于极端的毁灭境地之中——世界突然停止，变得一成不变。我们必须善于忘记不再真实或不再有用的东西，善于记住有价值和必要的东西。当我们在生活中承担了新的角色和责任时，比如父母、伴侣、工人或公民，我们就摆脱了旧的角色，比如孩子、学生或依赖他人的人。不锻炼的肌肉会变得软弱，记忆也是一样。正如打包的艺术，我们舍弃什么和我们装入什么一样重要。同样，记忆的艺术也依赖于遗忘的艺术。

这对于数字时代来说，意味着数据不是知识，数据存储也不是记忆。我们使用技术来积累关于自然和社会世界的事实。但事实只是记忆的附带产物。他们有时甚至会妨碍我们专注思考和解决问题。至关重要的是，信息要具备在现在和将来都能派上用场的能力。而我们的情感能够感知什么对生存和幸福是有价值的。当我们被太多晃眼的东西和发出嘈杂声的设备分散注意力时，我们就无法学习或开发稳固可重复的记忆，我们将无法构建对我们未来可能有用的重要知识和经验储备。这将危及未来。因为记忆不只是过去，更是未来。

人类的记忆是独特的，因为从储存在我们大脑的信息中，我们不仅能回忆起过去或现在存在的事物，还能创造"可能"存在的事物。通过过往，我们可以看到未来的景象。我们知道有过去，有现在，也有未来，我们可以在脑海中自由地穿梭于不同时代。在我们之前，就有一代又一代的人出生和死亡，而我们也注定会死去。这种对时间深度的深刻感知在自然界中是独一无二的。我们能够进行精神时间旅行（mental time travel），想象未来可能的样子，或者回到过去，重新建立现在的事物是如何变成这样而不是那样的过程。我们的记忆越丰富，我们的想象力就越强。我们能够解决一个个难题，根源就在于这种臆测思维。

当我们思考数字时代的记忆时，会看到电子信息的惊人力量，也会看到瞬时满足使个人记忆得到增强，有时又受到损害。我们还将"大规模"地研究记忆，就像计算机工程师说的那样，人类的集体记忆在数千年里不断增长，有时也会缩减。集体记忆是跨越多种文化的一代代人的创造，它是人类学习的全部范围，是我们每个人都为之贡献并从中汲取营养的知识和技能的共享体。我们将看到，随着时间的推移，学习的单一行为如何能够共享和积累，从而成为知识；一代代人又是如何努力保障知识，并使知识代代相传；以及每一代人如何积累更多的知识。数字网络使人类的集体记忆跨越政治和语言的界限。每个能够联入互联网的人都可以将个人记忆和所学转化为共享的知识，确保人类的集体记忆在以指数级增长的同时继续保持文化多样性。

数字技术正在从根本上重塑集体记忆的过去和未来。我们如何保证这一跟人类记忆有关的不受控制的实验对我们有利呢？没办法保证。但是事情都在我们掌控中。而社会和个人面临着关键的决策：如何重建记忆系统和实践以适应信息丰裕的经济。很少有哪一代人能够塑造如此丰富的、未来几代人将继承享有的世界。本书的目标是让我们更深入地理解记忆在创造未来中的作用，并拓展想象的可能性，以使我们为数字时代重建记忆系统。

这是一本关于这一伟大思想的小书。它不是一本预言书，因为未来是不可知的。它也不是一部通史，或是对文化和生物记忆的分析。相反，它是对记忆、过去和未来有关的新领域的探索。就像所有在未知领域的旅行者一样，我们必须走过迂回之路，才能朝着同一个方向前进。我们必须遗憾地回避一些非常有趣但会分散注意力的路线。对于那些只想了解一些简明主题的读者，我在书后列出了研究中使用的关键资源，注释中也有对特定资料的提示和一些评论。

我们的旅程始于回顾过去，进入人类记忆的深处，了解我们是如何到达这一关口的。在这个过程中，我们将用个体事例，在一些关键拐点上着力研究这样一个议题，即有关记忆的思想发生改变后是如何与分享知识、扩大人类潜能的技术相互作用的。记忆生物学仍处于起步阶段，我们研究这一领域是为了深入了解大脑的自然筛选系统，该系统捕捉有价值的信息，丢弃其他信息。当我们在数字时代努力掌握大量的记忆时，我们最终会思考我们所面临的个人、社会和文化的选择。

第 2 章
好奇心如何创造了文化

构成思想的材料，与构成其他事物的材料相同。

——威廉·詹姆斯（William James），《意识存在吗？》

（*Does Consciousness Exists?*），1904 年

我们无从知晓自己能够体验不同时间的能力从何而来，也不知道为何只有我们才能以周、年、世纪或其他的方式递增地去感知时间，去感知过去和现在。因为我们是人属中唯一幸存的分支，所以很难再去追溯我们具备的这种精神时间旅行的能力是如何产生的，以及为什么会产生这种能力。我们经常有意识地记录我们的知识，并将这些记录传播到久远的时代和遥远的地方，而我们永远也不会与生活在那些时空的人们碰面。通过文化这一集体记忆①形式，我们

---

① 许多生物学家将动物的模仿和烙印行为视为文化特征，比如雏鸟从其他鸟那里学习鸟叫，黑猩猩模仿其他黑猩猩用棍子翻找幼虫等。这里的重点不是通过直接的行为模仿来学习，而是通过携带信息的物理对象间接地获取他人的知识。

创造了一种对过去的共同看法，它将我们团结在一起，使陌生人之间能够进行大规模合作。我们拥有的证据告诉我们，只有我们自己知道如何做到这一点。据我们所知，这可能解释了为什么我们幸存了下来，而我们的近亲尼安德特人和丹尼索瓦人却消亡了。

提取和分析 DNA 的新技术①使我们能够将自己的基因组与这些已经消亡的近亲的基因组进行比较，并了解它们的生物遗传是如何在大部分细节上反映了我们的基因的。当我们的祖先走出非洲，来到尼安德特人的领地时，尼安德特人要更强壮。尼安德特人在欧亚大陆生活了数万年。它们更能适应寒冷，在所有方面都比我们的祖先强大，包括大脑。他们可能也掌握一些现在专属于人类的独特行为能力②：掌握了火，能制作复杂的工具以及装饰他们的身体，甚至埋葬逝者。但是尼安德特人没有出现大规模的群体合作。他们不像早期人类那样进行长距离的货物交换③，也没有为了记忆和共享信息而创造耐用的载体。

我们的祖先则完全不同，他们通过语言和手势、歌曲和舞蹈进行交流。他们过着丰富的精神生活，用创意、图像和想象的现实塑造他们的精神世界，就像他们用工具巧妙地制作保暖衣物和遮风挡雨的

---

① 关于智人起源的基因研究的最新发现，见 Pääbo，*Neanderthal Man* 和 Tattersall，*Masters*。
② 在尼安德特人是否具有这些行为上，研究者对相关的证据存在分歧，见 Appenzeller，"Old Masters"。
③ 有关"人类关系网络"的组成部分，见 Shryock and Smail，"History and the 'Pre'"，724。

住所一样。从某个时刻开始，我们开始标记流逝的时光。我们开始理解行动和反应之间的关系，还有原因与结果之间的关系。我们开始追溯过往，理解起因，也开始探寻未来，做出预测，并留下了思想的物质证据。我们开始通过事物进行思考（think with things）[①]。

大约 4 万年前，智人将精神生活记录在实物上（物理记录），也就将意识转化为了物质。在法国、西班牙、意大利、德国、俄罗斯大草原和印度尼西亚的洞穴墙壁上[②]，都保存着极其逼真和复杂的鸟兽图案。在相关遗址中，还有一些不那么逼真但仍然依稀可辨地记录着人类的实物，这些物品从贝壳、骨头、金属和象牙制成的大量珠状物，到生殖崇拜，甚至还有乐器，比如由鹿骨头制成的类似于长笛的乐器。[③]在一些遗址中发现的物品明显是在遥远的地方制造的，

[①] 一些科学家认为，制造工具在某种程度上促进了语言的发展，他们还绘制了旧石器时代制造手斧可能激活的大脑区域的活动图，显示制造手斧与语言所需的大脑活动区域部分重叠。也就是说，被认为是制造了工具的尼安德特人没有语言。遗传潜力和文化实践之间的因果关系仍然很模糊。可参见 Normile, "Experiments Probe Languages' Origins"。

[②] 印度尼西亚的洞穴艺术看起来很像欧亚大陆的绘画，最近被确定为大约 4 万年前的作品。如果这个时间是正确的，科学家们将需要修正关于智人何时以及如何走出非洲并定居全球的主流观点。见 Aubert et al, "Pleistocene cave art"。

[③] 可参见 Clottes, Cave Art, 11ff。最早的艺术品是在南非布隆伯斯洞穴中发现的，是一块"打磨过的赤铁矿，上面装饰着由三条平行线和一系列交叉线组成的复杂的雕刻图案"，其年代可追溯到 75 000 年前。2009 年，研究人员宣布他们发现了 13 件赭石雕刻品，其中一些年代可追溯到 10 万年前，并将它们作为象征思维的证据。详见 Balter, "Early Start"。有研究者指出，大约四五万年前，现代人类的"文化集合体"几乎是突然出现在欧洲，但很可能在现代智人迁徙而来的非洲出现得更慢。"它在欧洲的爆发似乎只是因为非洲人 —— 也就是现代智人 —— 在大约 5 万年前迁移到欧洲时携带着这些文化。"详见 Andrew Shryock and Daniel Smail, "History and the 'Pre'", 716。

这也证明了人类至少在 7 万年前就已经能够制造和交易物品了，而这些物品还包括妇女和牲畜。

我们只能推测这些图像和物体意味着什么，以及它们如何使用。但有一件事毋庸置疑：无论是谁制造和使用它们，他们已经是人类。他们甚至在一些画作上签名，留下了红色和黑色的手印。我们认识到自身存在于一种强烈的欲望中，非理性地想要打破时间和空间限制去证明我们的存在，去和遥远时间和空间里的生命对话。我们把这些洞穴壁画看作一扇通往过去的窗户，但它们是一面镜子。

一些科学家认为，这些画是为了唤起狩猎或生育的精神，其他人则认为这些洞穴是萨满教仪式的场所，还有一种观点认为这些洞穴里的图画不过是旧石器时代的涂鸦。我们无法读懂这些记录的含义，因为我们没有情境来解释它们。在缺乏可以明确解释的证据的情况下，我们只能继续用推测来检验任何可能出现的新证据，尽管这些新证据可能很粗略。我们要求知识完全建立在现有证据的基础上。这种坚持真理可验证的观点是一种非常现代的理念。我们的祖先更直接地解释了人类是如何与其他生物相分离的，答案就是我们问了太多的问题。

创世神话

记忆是如何从蜗牛、水母等无脊椎动物的一个特征，发展成为人类文明的精妙茧房的呢？这种独特的思维能力不仅使学习成为可能，也使教学成为可能，并使数千年来知识的大规模积累成为可能，而这种能力需要自我意识、象征性思维和语言。可以确定，在这个物种繁多的世界中，我们是唯一有区别的生灵，能够创造抽象符号来表现我们的精神世界，并利用语言进行沟通。只有具备了所有这些前提，才能保证拥有知识的人死去时，知识不会随之消亡。

创世神话通常以充满好奇心的人作为主人公。我们尊为现代科学奠基者的人也是一代又一代充满极度好奇的人，他们也是听着《圣经》中的起源故事长大的。罗杰·培根和伽利略、弗朗西斯·培根和艾萨克·牛顿、查尔斯·达尔文和阿尔伯特·爱因斯坦都成长在这样的文化中，这种文化教导他们敬畏胜于知识。当亚当和夏娃冒失地品尝分辨善恶树的果子，他们违反自然秩序的行为使得时间永久地分成了前和后。在好奇心的驱使下，他们的行为决定了我们的命运。

在伊甸园里，没有辛劳也没有烦恼。一切都是为了上帝造物的幸福而准备的。耶和华神吩咐他所喜爱的造物——人，说："园中各样树上的果子你可以随意吃；只有分辨善恶树上的果子，你不可吃，因为你吃的日子必定死。"尽管有这样的禁令和对致命后果的明确警告，亚当和夏娃还是摘下了苹果。他们选择了知识而不是敬畏，就在那一刻，历史开始了。他们被驱逐出舒适的伊甸园，永远地脱离了他们出生时的自然、无意识状态。这个故事的寓意是：天堂里没有好奇心。

从那时起，我们就注定要靠自己的智慧生活。文化是我们赖以生存的集体智慧。集体记忆提供了更丰富、更多样的潜在答案，它们回答我们无休止的问题，它们也大大降低我们与生俱来的好奇心的成本。亚当和夏娃的故事为我们提供了一个奇妙的思想实验，让我们确切地了解包容万物同时又像茧房一样的文化是什么样的。用最直白的话说，亚当和夏娃展现了一幅人类的画面，他们是自然中最初的人类，没有可凭借的。试着想象一下他们的困境，突然被切断了赖以生存的一切资源，被驱逐出去，只剩他们自己，不得不自谋生路，重新意识到自己的脆弱和死亡。没有我们如今与生俱来的大量知识遗产，他们被迫从零开始，学习一切。比如，如何寻找食物、如何穿衣、如何遮风避雨、如何生育孩子、如何抚养孩子、如何死去。痛苦和快乐都是突如其来的。他们就像孩子一样，只是他们没有父母可以向他们解释自己的感受。

试着想象亚当和夏娃必须完全靠自己创造生活的方方面面，你将明白在这种情况下作为人类是多么艰难。这一假定给一些引人入胜的小说带来了灵感，它们描写人类的这种处境，比如《鲁滨孙漂流记》和《人猿泰山》。在第三个千年之初，世界末日思想卷土重来，于是有人建造了图书馆，这样人类在经历他们所担心的大灾难之后，还可以通过这些图书馆"重启文明"。这些图书馆也是思想实验 ①，让我们思索需要保存什么和可以承受失去什么。

公平地说，《创世纪》传达了一个矛盾的信息。在尝过果子之前，我们不能说亚当和夏娃是有意识地犯罪。他们是自然的动物，

---

① 一个致力于鼓励长期思考的组织恒今基金会正在建立这样一个图书馆，计划中的 3 500 册藏书被称为文明手册，范围集中在四个方面：文化经典、文明机制、严谨的科幻小说和长远的思考、未来主义及相关历史。

没有任何自我意识，不知道善恶。他们不知道死亡是什么。这在他们的经历中并不存在，所以当神说如果他们吃了果子就会死的时候，他们可能根本不知道他在说什么。他们缺乏经验是他们天真的本质。另一方面，亚当和夏娃显然被上帝赋予了好奇心——世界上所有的存在都是基于造物主的恩典和力量。所以他们可能有罪，但他们在根本上没有责任。

无论伽利略或达尔文是否相信这个故事，这都是他们小时候学习的历史思维模式，正如我们所见，这个故事对西方如何看待记忆和知识产生了巨大的影响。[①]今天，纯粹地追求好奇心本身被誉为知识的基石。通过将《圣经》神学和希腊思想的奇妙融合，西方逐渐不再把知识视为崇敬的威胁，开始把知识本身当作一种崇敬的形式。这一变化过程已历经数千年，其中充满了曲折和断头路。但这种变化已经不可避免地开始了。

文字的发明

远在公元前 3000 年前，美索不达米亚也就是今天的伊拉克（也许是神话中提到的伊甸园的历史遗址），人们聚集在人口密集的城市中心。有一群人居住在我们所知的原始城市苏美尔，他们开始写收据，记录小额交易。这些收据当然不是写在纸上的，那时候纸还没有发明出来。他们招募了一些擅长雕刻的人，在一个圆柱形的泥块

---

① Smail, *On Deep History*, 12–39, on what he calls "the grip of sacred history".

上刻下交易双方都能理解的某些符号，从而创造出一个实物，作为交易的见证和担保。这些记号在今天被称为楔形文字（cuneiform），来自拉丁语楔形（cuneus），形状就像是在黏土上记录的尖笔。

随着时间的推移，这些泥块变成了更大、更扁平的干泥板或烧制泥板。楔形记号发展成单词、物体、名称、数字和动作的词汇。在苏美尔人成为历史之后的几千年里，中东地区的文字一直在演变，但文字在记录、核算和公布（印刷）商品和服务交易的过程中起着不可或缺的作用。记录信息的媒介的寿命决定了信息的寿命。信息载体越耐用越安全，信息本身就越长久越安全。也许在楔形文字之前就有了其他文字形式，它们可能出现在更脆弱的媒介上，没有留下任何痕迹，而泥板却可以将这些信息保留数千年。

苏美尔人被认为最早发明了文字，他们无疑应该在我们的记忆中占据特殊的位置。但是楔形文字在记忆的深层历史中代表着更强大的创新，而不只是一种技术解决方案。这种创新不仅使书写成为可能，而且使书写成为必然。由此才使我们将实物作为证据，超越人类记忆的脆弱，并通过追究责任来挫败掩盖真相的诱惑。楔形文字是客观的证人，不会说谎，也不会被遗忘。这些真实的事实降低了与陌生人交易商品和服务的风险。它们是难以篡改的证明。除非把泥板弄得面目全非。当人类发明了实物来记录和传播信息，也就拓展了城市边界，进入更大可能的世界，因为这些实物即便不是完全无懈可击，肯定也要比人类的证词可靠得多。但有需求才有发明。

现存最早的楔形文字出现在公元前 3300 年以前，很快以此为中心的信息文化开始在苏美尔繁荣起来。[①] 最古老的记事载体包括谷物、食用油、纺织品和牲畜等商品的库存。但是，就像任何好的发明一样，书写在使用中开始展现它的潜在力量。人们书写不仅仅是为了计数。后来的君主制政府创造了一系列我们今天熟悉的文件——条约、法律、法令和军事记录。所有这些文件都有明确的公共目的：管理经济资产、确保统治者对财产的支配，以及颂扬统治者的权力。

如何保存文字

楔形文字和书写的发明是为了解决一个实际的问题：如何在一个日益复杂的社会中记录商品和服务。随着时间的推移，书写的巨大成功带来了问题。记录重要信息的写字板的普及产生了存储、安全、保存和编目等一系列棘手的问题，这正是大数据管理问题的早期实例。中央政府在大规模使用泥板时，面临着巨大的管理挑战。抄写员不得不面对一系列可预见的管理问题：我们该把这些泥板放在哪里？我们如何检索需要的信息？我们怎么知道它们都是安全有序的？谁能够阅览它们？

刚开始，每个问题都是相对独立的，忙碌的抄写员总能临时想到解决办法。但是，要不断地发明解决办法来应对一个个问题是不切实际的。日积月累，关于存储和检索的规则惯例便逐渐发展起来，

---

① 公元前 3200 年，埃及人使用象形文字。

同时也包括书写过程的各个方面：如何准备泥板，如何制作尖笔，图形表示什么含义，每个泥板的书写布局，如何阅读泥板，从底部到顶部阅读还是反之，从左向右还是从右往左。一旦泥板写成，就需要确定谁能阅读以及在什么情况下阅读的惯例。储存系统的任务是保护泥板不会出现断裂、破损和盗窃；与此同时，必须有序存放泥板以方便使用。当楔形文字从几百个发展到几千个的时候，在较小的规模中已经运行得很好地简单搜索和检索系统就需要扩展到更大规模。抄写员需要决定按照何种维度存档，是根据购置日期、创作日期、内容主题还是其他维度。

建立系统化知识的过程缓慢而费力，它产生于问题与解决方案的持续互动，在思想与技术的不断迭代、环环相扣中创造出类似技术创新的反馈回路。在每一次互动中，我们都看到了相同的发展周期，即为解决实际问题而不断进行技术创新，这一持续的动力反过来又需要组织和智力上的适应。精心设计的设施配备、专业培训的专家都是核心的信息基础设施。信息需要物理安全、保存、库存控制、编目、排序方案，从泥板到硅晶片的每一次记录媒介的创新，这些步骤都要重复一遍。当我们努力以更小型更密集的方式记录越来越多的信息时，我们不可避免地会增加复杂性，我们只能满怀希望地假设复杂性的增加等同于进步，虽然一开始并不是这样。

文化是一种高效的适应机制

作为一种适应机制，文化远比生物因素更有效。遗传物质在形成时就已经固定。基因组不能从动物的生活经历中获得新的信息。学习可以改变动物的神经系统，但不能改变它的 DNA。动物、细菌或真菌的后代在出生时不具备其父母已经掌握的知识。他们必须从零开始获取这些知识。从文化的角度看，进化本身就像一个非常愚蠢的系统，缺乏智能，对学习漠不关心，这是极度的浪费。进化的每一步都是偶然，是基因随机突变的结果。动物所处的环境可以决定其遗传指令如何转化为行动和行为。一些基因被激活，而另一些则对外界刺激没有反应。与人类文化的灵活性相比，基因的适应性出奇的慢。

这也解释了，人类通过创造和传递记录知识的实物在世代间传承知识为什么在本质上是不可思议的。我们具备这种能力，本身就是一种基因编码赋予的天赋，这很奇特，但却是天生的。人类学家大卫·比德尼（David Bidney）指出：

> 人本质上是一种文化（culture）动物，也只有在文化的生活中，人才是一种自我修养、自我反思、"自我调节"的动物，才能充分发挥其自然潜能，实践其独特的人类活动。其他动物的发展受生物限制和约束，相比之下，人类在很大程度上是一种自我塑造的动物，能够进行极其多样化的活动。[①]

---

① Bidney，"Human Nature"，376.

　　我们的进化生态位是成为一个通才①，能够适应各种不同的生态系统。我们来到这个世界是不完整的，需要在我们成长的特定文化中学习，才能达到成熟。因为我们生活于众多不同的环境中，所以文化差异如此显著也就不足为奇了。在一种饮食文化中可能是美味的东西，在另一种饮食文化中可能是禁忌。在一种文化中人们认为美丽的特征——女性的夸张长脖子、小脚或蜂腰——在外人看来却可能是怪诞的。在全球化之前，人类有成千上万种生存方式，他们各自有各自的语言、服饰、亲属制度、计数方法和饮食方式。

　　我们不能因为人类文化的自然性而忽视其耀眼的力量。我们具备的跨世代积累知识的能力正是一种生物适应能力，它超越了体力、速度和体型。其他动物通过成为不同的物种来适应不同的环境，而我们却不是这样。尽管人类遍布全球，并分别具备一些为适应环境而演变的不同特征——直黑发与卷红发、黑皮肤与白皮肤、高大狭窄的骨架与短小粗壮的骨骼，但所有的人类都是智人。

　　我们适应不同环境靠的是发展不同的文化，包括不同的语言、饮食、社会结构、经济和政治组织以及信仰体系。为了适应北极苔原、高原、热带雨林和海岸带等各种环境，我们发展了完全不同的人类特征。我们都生长在某一种文化中，在遇到来自另一种文化的人、事或想法之前，我们在很大程度上察觉不到所处的文化，即使我们是文化创造者。在全球化之前，各种文化彼此孤立共存，那些

---

① Tattersall, *Masters*, 228.

跨越气候区、山脉或海洋的旅行者经常会说，他们遇到的其他人类不是完全的人类。当欧洲探险者们在全球活动时，他们发现了许多陌生的人群，可他们认为这些人都是低等的人类。同样，欧洲人也常常被其他地方的人认为不是人类，是恶魔，偶尔也被视作神明。

我们天生就是创造文化的动物，要在自然和人工或人造之间划清界限不过是幻觉。文化仅为我们提供解释世界的基本模板或心理模型就能调解我们所有的经历。如果有人感觉人类与自然之间存在隔阂，那不过是文化的副产品。它在西方发达国家很普遍，但不是世界各地都是如此。我们经常把这种"异化"（alienation from Nature）的感觉归咎于技术。但这种人与自然相分离的感觉早在电脑、汽车和空调发明之前就已经存在了。将责任归咎于我们的工具和技术是世俗化的副产品。《创世纪》解释了人类为什么会有这种感觉：它是人类状况的一部分。但世俗化使我们抛弃了这一解释，于是我们干脆将科技视为罪魁祸首。

然而，书写在美索不达米亚的发明不是偶然和反常，它自然而然地出现，因为人类在不同的地方都发明了书写，埃及人、中国人和中美洲人各自发展了极其惊人且独具匠心的书写系统。[①] 与他们有接触的其他文化则采纳了他们的发明，并根据自己的需要进行修改。扩展知识的范围和增强知识的持久性是一项显著的竞争优势，不仅使我们在与动物的竞争中胜出，也使我们在与其他智人的竞争中胜出。

① "世界各地的证据表明，在公元前 4 000 年后半段，书写至少被重复发明了 3 次。之后，在世界不同的地方至少又发生了 3 次。"详见 Wolf, *Proust and the Squid*, 47。

在美索不达米亚几个世纪的帝国兴衰中，知识与权力、记录与管理权力之间的战略联盟不断加强。公元前 668 年至公元前 627 年在位的亚述统治者亚述巴尼拔据说是个博学的人，他在尼尼微（与现在的摩苏尔隔着底格里斯河）的宫殿里建立了一座图书馆。超过 3 万块泥板从皇家图书馆的废墟中幸存下来，如今保存在伦敦的大英博物馆里。早在那以前，记录的知识就已经被赋予了漫长的生命。人们想当然地认为，人工记忆对需求、欲望和野心的作用就跟食物和水对生存的作用一样重要。除了亚述的许多法律、行政和财政记录，皇家图书馆还保存着刻有医学治疗方法、占星术和历法、咒语、占卜、祈祷和诗歌的泥板。这些泥板的寿命远比人类长，它们成了与过去的灵魂交流的媒介，它们记录了对未来的预测，并使自己逃避死亡，永垂不朽。楔形文字时代最早的诗歌是什么？《吉尔伽美什史诗》写于公元前 2000 年，讲述了人类寻求永生的故事。

文化，快与慢

蒙田提醒我们，生活中没有什么是一成不变的。一切都在不断变化。"我们和我们的判断，以及凡间的所有事物都在持续不断地变动。对于一个事物，无论它是判断者，还是被判断者，都处在不断变化和运动中，没有什么是确定的。"[1] 但记忆有助于我们适应这种不断变化。个人的记忆让我们知道自己是谁，也使我们在成长中

---

[1] Montaigne，"Apology for Raymond Sebond"，*Complete Works*，455.

对自己的认识有了连续性。我们一生都在过滤信息，随着年龄的增长，我们的过滤过程也在改变，正如蒙田所说，我们在改变，世界也在改变。随着我们经历婴儿期、儿童期、青春期、成熟期，到老年，记忆的任务也会发生变化。在我们生命之初，获得关于世界和我们自己的知识是首要任务。在以后的生活中，当我们更好地了解自己和世界时，我们经历的新奇事物会变少，即使遇到，我们往往会把这些新奇事物与以前类似的经历类比。记忆开始不那么注重学习新事物，而是把我们所经历和所知道的一切整合起来，以在过去和现在的自我之间提供一种连续性。我们会问自己，生活如何变成现在这个样子，并用现在所知的知识去回顾过往的经历，就好像我们在知道原委后重解这个谜题，以便知晓事情是如何展开的以及为何在最初会错过重要的提示。这是记忆的任务，回顾和整合我们所拥有的知识，去理解我们生活中的事件的因果关系，并让我们感到有意义。

文化为记忆和意义提供了大范围的框架。它有助于创造新知识，但它也是一个过滤器，从社会角度决定哪些具有长期价值。它在过滤时非常保守，会将行为、实践、信仰、价值观和知识保留很长的时间，比如全世界都接受了公制单位厘米和升，美国还固执地使用英寸和夸脱，此外数千年来对宗教场所的管理也从未间断。自然记忆的属性是不稳定、灵活、易于修改或改写，这都是为了适应新环境。人工记忆则是稳定、固定、缓慢、有弹性，以便为个体学习新事物释放心智空间。我们都出生在某种文化中，因时间地点不同而不同，而文化为我们提供了丰富的既有知识和专门知识，使我们能够立即应用，更好地进行自我发展。文化是一组既定的、现成的元素，它们构成了一个鲜活的过去，而鲜活的过去决定了生活的基本参数以及可行的选择。它引导我们注意某些事，忽略某些事，以此为我们的私人生活提供秩序和意义的基本环境。19 世纪，西方世界的中产阶级妇女被鼓励做一个妻子或母亲，以此在私人领域寻找有意义和有序的生活（在天主教国家，则鼓励通过宗教职业来实现这一点）。当代中产阶级女性在成长过程中被寄予这样的期望：她们将在公共领域寻求有意义和有秩序的生活，靠自己谋生，并与男性一起追求职业成功。

诗人切斯瓦夫·米沃什珍视自己的个性，但他知道，这种个性来自他出生的国家和出生的这个世纪所决定的更大范围的文化，而他无法控制这个文化。"我所穿的衣服，我所使用的技术便利，我所学到的经过证实的和未经证实的科学假设，都不是我的，而是我所处的那个世纪的。最多只是一个人融入了这套或那套现成的元素中。"①我们可以选择对自己的文化持不同意见，也可以选择像米沃什那样，从祖国波兰搬到另一个世界（也就是北加利福尼亚），以逃离一个威胁到他的自主意识的专制政权。考虑到我们的个性很大程度上来自我们的本土文化，这样的选择需要付出很高的代价。

在互联网出现之前，人们很少能接触到人类文化的多样性，虽

---

① Milosz, "On the Effects of the Natural Sciences", in *Visions*, 21.

然这些多样化的文化构成了人类集体记忆。一方面，从物种的角度来看，集体记忆使我们能够迅速适应不断变化的环境，让我们"擦肩而过"，摆脱缓慢进化的束缚。它放大了人类的潜能，包括生理潜能和心理潜能。另一方面，共享记忆是创新的助推器，而且它也加速了我们所处的环境的变化，虽然这一点很矛盾。例如，当我们遇到一个新问题时，我们从来不必从头开始，我们的工作可以基于前人对这个问题（或类似问题）的已有成就。我们重新使用这个方案，对他进行分析、补充和调整，用来解决一些新的问题或服务于一些新的任务。如果不是文化保存了这个方案，我们将不得不从头开始，就像被诅咒的亚当和夏娃一样。在苏美尔人发明楔形文字之后，其他社会没有接触到他们和他们的后代、邻居或贸易伙伴，所以其他社会的人必须从头开始发明书写。

集体记忆和千百年来积累的知识的力量推动着我们前进，也把我们从过往拉回。我们的知识使我们能够随时做出改变，但反过来它又迫使我们适应不断增加的创新。由于这些双重力量作用在我们身上，在发生变化的时刻，我们会发现自己的社会行为有点像《怪医杜立德》（Doctor Dolittle）里杜立德医生的动物朋友，传说中的双头骆马（push me-pull you），它有两个头——一个羚羊的头，一个独角兽的头。这个可爱的生物常常会用两种不同的思维来处理相同的信息，会做出两个不同的决定，同时朝两个不同的方向行动。如果一个头试图朝相反的方向走，另一个头就会挣扎并停滞不前。如果两个头朝两个相近但仍然不同的方向移动，它会沿着一条兼顾的道路移动，最终到达双方都没有预料到的地方。它越是想走得快，目的地就越不可预测。

　　如今，自然世界和社会世界都经历了快速变化，在这一双重压力下，我们的集体记忆似乎成了快速适应环境的累赘，在我们渴望进入未来时，它将我们束缚在一个垂死的过去。但我们走得越慢，就越能把控最终的目标地。在极其不稳定的时期，我们需要越来越多地利用人类知识的战略储备，过去会变得更加有用。然而，正是在这样的时刻，过去最容易被遗忘。

第 3 章

希腊人的思想：从记述到美学

恺撒大帝以著书立说和焚烧书籍而闻名。他写下了征服高卢和英国的过程，而他的记录在两千多年后仍在出版，被翻译成数百种语言，至今仍被广泛用作拉丁语学习的入门读物。如果有人想要了解罗马帝国是如何在混乱中诞生的，仍然可以从恺撒大帝对罗马元老院前盟友庞培和敌人发动内战的历史出发。恺撒大帝作为一名作家所获得的成功印证了一句格言：历史是由胜利者书写的。它们决定了后代所知的"过去"。

如今，恺撒的名声也部分地来自他毁掉了许多不可替代的古典文学遗产，尽管这里面存在误解。公元前 48 年，恺撒为了帮助克利奥帕特拉战胜她的兄弟、丈夫兼对手托勒密十三世，在亚历山大港放火烧毁了船只，以阻止敌人从海上入侵。这场海上火焰风暴产生的火星可能被风吹落在缪斯〔Muses，也称作 Mouseion，英文单词 Museum（博物馆）就是从这个词来的〕神庙的屋顶上。缪斯神庙即我们今天所知的亚历山大图书馆，收藏了 30 万卷卷轴。[1] 如果可以提前预见，缪斯神庙的损失作为战争的副产品令人遗憾。但古典记忆的"大消失"不应归咎于恺撒。[2] 缪斯神庙被烧毁的几年后，克利奥帕特拉深爱的马克·安东尼为她的图书馆补充了 20 万卷书籍，都是从别迦摩的大图书馆掠夺来的。[3] 在接下来的几个世纪里，亚历山大图书馆的藏书在最多的时候达到了 50 多万卷。他们的文化失忆并不是恺撒造成的，而是许多代人的"功劳"——基督徒和穆斯林觉得没有责任去关心异教的知识。

恺撒也是他那个时代著名的伟大演说家，尽管他的辞藻和诗歌都没有流传下来。恺撒能够击败他的军事、政治对手，部分是由于他的口头说服力，他描绘了罗马辉煌的未来图景，激发了他的同胞和参议员，并且用战争荣耀和有形的胜利奖赏激励他的军队。因此到公元前 1 世纪，有文化的人想了解的事情发生了根本性的转变，这种转变很大程度上归功于希腊人和一代又一代的罗马公民和臣民，他们接受、认可了这种转变，并从突尼斯传到泰晤士河甚至更远的地方。

---

① Battles, *Library*, 8.

② Greenblatt, *The swerve*, 86.

③ 出处同前，第 281 页。另外，卢西亚诺·坎福拉（Luciano Canfora）在他的著作《消失的图书馆》(*The vanished Library*) 中从同样不足的证据中得出了不同的结论："公元前 48 年恺撒的军队烧毁的不是图书馆，而是一个码头仓库，里面存放着各式各样的货物（包括书籍）。安东尼从别迦摩掠夺书籍送给克利奥帕特拉的故事是一种诽谤……也许是在嘲笑安东尼对文学的无知。"详见 Luciano Canfora, *The vanished Library*, pp.69–72 and 91ff。

在这 3 000 年里，苏美尔抄写员开创的刻写技术从一开始的用楔形笔在泥板上刻写商业交易信息，发展到在纸莎草纸上书写完整的字母，从任何意义上看，这与中世纪的手稿已经没什么差别。在人类的刻度尺上，3 000 年是一段很长的时间，如果我们预计成年人的寿命大致是 45 岁，那么 3 000 年大约就是 65 或 70 代人。城市化的发展、农业生产的集约化，以及建造埃及金字塔和雅典卫城的宏伟建筑工程，都证明了人类将生物进化远远抛在身后，是变革的主要因素。如果苏美尔抄写员能从某个想象的时空高处俯视公元前 1 世纪的人类同胞，他们会看到两件超出他们想象的事情。

首先是一种非凡的书写新技术，使用墨水在纸莎草纸上书写字母。纸莎草大量生长在尼罗河下游三角洲的沼泽地带，美索不达米亚较为干燥气候中的人因此对它毫无了解。纸莎草茎可以捣成一种纤维，这种纤维柔韧、相对结实、重量轻、耐墨水，在干燥的气候下很稳定，可以卷成一个整洁的小卷轴，比泥板更容易书写和保存。苏美尔抄写员还会惊讶地发现，用来表达意思的符号已经随着时间推移发生了巨大的变化，本质上变成了由几个笔画组成的字母，这些笔画代表一个声音，这些字母组成一个字母表。书写代码变得更加经济，重组也更加灵活。

另一方面，他们可能会沮丧地意识到，墨水在纸上惊人的书写效率是以耐久性为代价换来的。就像亚历山大图书馆被大火烧毁的卷轴一样，苏美尔人书写的泥板在战争期间也遭受过大火，但火不能烧毁泥板，它们保存了下来。泥板需要承受高温，陶工将这一过程称为烧制，经过这一工序的泥板更加耐用。在过去的几个世纪里，人们挖掘出了 50 万到 200 万块泥板文书，其中许多都保存完好，这都表明了泥板是多么坚固。它们可能不像卷轴那样轻便便携，更不能与书籍、光盘或智能手机上的硅芯片相比。但就持久性而言，书写技术在 5 000 年前达到了顶峰，此后就一直在走下坡路。

　　苏美尔抄写员带着好奇心凝视公元前 1 世纪的地中海世界，他们也会对大量的藏书和能够阅读它们的人数感到惊讶。在希腊和罗马，受过教育的人在自由人口中所占的比例比苏美尔人或阿卡德人时期要大。正如古代奴隶制专家所指出的那样，希腊和罗马的精英阶层脱离劳动享有的自由，是基于他们对奴隶劳动的日益依赖。[①]我们难免会得出这样的结论，即知识的增长是以人类自由为代价的，尤其是当我们习惯于认为后者是前者的先决条件时，只有在启蒙运动期间，这个等式才被推翻。

　　图书馆遍布古代世界。除了亚历山大的图书馆，罗德岛、别迦摩、雅典和罗马也有大型图书馆，还有其他人口中心有许多较小的图书馆，有文化的富人家中也有私人图书馆。但另一种东西，也许肉眼难见，但最终影响更大，而且已经发生了变化。到公元前 5 世纪，希腊人开始了一项新奇的事业，即为了知识本身而协力培养知识。在此过程中，他们对人类记忆的扩展做出了三项贡献，这些贡

① 以比较的观点看待古代世界的奴隶制，见 David Brion Davis, *Inhuman Bondage: The Rise and Fall of Slavery in the New World*（New York: Oxford University Press, 2006），chap. 2, "The Ancient Foundations of Modern Slavery"。

献至今仍在发挥作用。首先是助记码或记忆技术的发明，有助于深入理解记忆是如何依赖情感和空间化的，这比当代神经科学的发现早了 2 500 年。第二是建立图书馆作为学习和学术的中心，而不是主要用来存放行政记录的仓库。第三是认识到将一个鲜活、有思想、有感情的人的记忆托付给任何事物都具有道德风险。通过对知识本身的培养，他们把对美的追求和对和谐的追求提高到比追求解决实际问题的专门知识更高的层次。知识的培养不仅仅是为了它的工具价值——它改变世界的能力。它获得了审美的维度，它给个人带来快乐和意义。希腊人坚持把我们知道的和道德上我们有责任了解的联系起来，而今天这个问题已经变得很严重了，科学知识被用来制造可以投下核武器和生化武器的机器人飞机，它们不仅用于军事行动，还被用来对付平民，科学知识还被用来为不断膨胀的人口索取能源和食品，危及全球的环境。

没有发展出书写系统的文化也有很多方式来增强自然记忆，保存重要信息——动植物、气候和季节、家庭和敌人——的技术是所有已知文化的重要特征。歌曲、舞蹈和传说都承载着知识，甚至在岩石的堆垒和织物的纹样中也承载着知识。利比里亚的马诺部落用石头来保存他们的记忆。印加人依照惯例把羊驼线结成特定的图案，以此来传达信息，这种绳结文字被称为"奇普"（quipu）。这些技术将很长的信息压缩成代码。这样一来，编码的信息内容可以与任何了解密码的人共享，他们可以是创造记忆之石的个人，也可以是使用绳结文字在广阔的安第斯帝国中交流的印加人。

希腊人发明了一种记忆系统，或助记符〔英文为 Mnemosyne，这个词以希腊记忆女神（memory）命名〕，并沿用至今。在此过程中，他们对大脑如何通过情感和空间思维形成记忆有了两个基本的发现。希腊人视修辞艺术为一种公民美德并且引以为傲——实际上是一种民主的公民行为，因此他们不得不展现记忆和背诵的绝技。他们在头脑中构建了虚拟的图书馆来存储复杂知识，以便回忆并展现知识。这些虚拟图书馆后来被称为记忆宫殿。每个演说者都有责任建立自己的精神记忆宫殿，并在里面存储他所选择的信息——要在宴会上发表的演说或是要在庆祝胜利的颂歌会上发表的演说。（当时公共领域只对男性开放。）记忆宫殿一旦建成，它的建筑师就能在这座想象的大厦中像漫步一样轻松地找回记忆。

传奇的记忆系统设计者、助记符之父是喀俄斯岛的抒情诗人西蒙尼德斯（约公元前 556—前 468 年）。他不是一个记忆力特别好的人，但他发现了一种特别好的记忆技巧。一天，西蒙尼德斯正在和一些显要人物共进晚餐，宴会进行到一半时，他被叫到外面去见两个人。但是当他出去后，外面一个人也没有。正当他要回去，他刚离开的那栋大楼倒塌了，里面的人都被压死了，废墟中的尸体被砸得面目全非。西蒙尼德斯被要求辨认尸体，他能准确地回忆起谁坐在哪里用餐。他根据座次来确定他们的身份。

首先要注意的是，他的记忆是在极端压力下形成的，是逃脱了死亡的创伤。在记忆的形成和维持过程中，情感起着至关重要的作用，它使事件的细节变得明确，并提示大脑记忆的价值。情感嵌入事件的内容中，当记忆被触发时，人们会回想起当时的情感。记忆的这种情感或情绪使得痛苦的记忆异常清晰（有时候是一种残酷的清晰，比如创伤后应激障碍）。但是，记忆的情感属性也是极大的快乐之源，当你听到一首老歌的旋律，你会想起某个夏日的海滩上，收音机一遍又一遍地播放着这首歌；或者焦糖苹果的香味把你带回祖母的厨房，温暖、舒适、令人愉快的湿意，窗外天色渐暗，花园小径上大红枫树上残留的树叶在风中沙沙作响。

我们要注意的第二件事是，西蒙尼德斯通过想象空间布局来回忆。他脑海中浮现出人们一个个围桌而坐的画面，回忆起他们的名字。这个故事，不管真实与否，对于神经科学来说是绝对有意义的。早在科学家研究记忆的解剖学之前，希腊人就已经发现情感能够传递记忆，而空间化决定了回忆。无论是陈述性记忆——事实、数字、名字、日期、事件——还是空间记忆，最初都是由海马体处理的，海马体是大脑中的一个小神经结构，是阿尔茨海默病首先发作的部分[1]，会造成患者记忆力丧失和空间定向障碍。（2014年的诺贝尔生理学或医学奖授予了三位科学家，他们发现了这种信息映射的某些方面是如何发生的。[2]）如果没有将感知精细地植入大脑的空间网格，大脑会迷失在记忆迷宫中。如果没有对价值和事件现场进行感情编码，这个事件和与之相关的每一个信息碎片都会消失在日常数据的

---

[1] Hassabis et al., "Patients with Hippocampal Amnesia", 1726; Kahana et al., "Neural Activity", 1726.

[2] Underwood, "Brain's GPS", 149.

海洋中。

西蒙尼德斯在发现情感能够激发惊人的视觉化记忆后，进一步发展了这一技术。希腊人、罗马人和欧洲人在文艺复兴时期重新为这一技术注入了活力，并使用了他的系统，这一系统基于对物体（它们代表了记忆）进行想象的配置，将它们仔细地排列在想象的任意空间中，人们可以漫步其中获取记忆。西塞罗是这项技术的推崇者，他写道：

〔西蒙尼戴斯〕推断，人们渴望训练记忆就必须要构建一个空间，为他们想记住的事件绘制心理图像，并将这些图像存储在构建的空间中，在空间中的存储顺序即为事件的顺序，而事件的图像即代表事件本身。我们可以把空间和图像分别看作写字蜡板和写在蜡板上的字母。[①]

物体表示记忆的内容，空间被指定为检索路径上的导航点。你可以想象一个建筑里面都是长长的走廊，沿着走廊有许多道门，通向不同的房间，房间里摆放着指定的物体，这些物体代表的是特定的记忆。比如一只乌鸦代表你梦中的异象，而扶手椅可能会让你想起你读过的一本书。中间有大型火炮的房间可能会唤起你在一个夏天游玩葛底斯堡的记忆，同时也让你想起在这次旅途中你在特拉华

[①] Cicero, De Oratore, cited in Yates, *The Art of Memory*, 17.

州看到的花园，当你漫步花园，你会想起第一次听到父母是如何相遇的故事。

单靠物体是做不到这一点的。相反，我们使用符号思维自带的一种压缩算法，使用具体事物作为整体的一部分来代表整体。在诗学中，这种部分对整体的替代被称为"提喻"，我们的语言中有大量此类用法，因为它是如此生动、有效。例如，我们称政府的行政部门为白宫，立法部门为国会山，而两个部门之间的政务往来，我们描述为往来于宾夕法尼亚大道，这条大道就位于两部门间。记忆的艺术就是利用这种思维捷径。

回忆依赖于记忆之间的联系，这些记忆分散在范围广阔的存储网络中。当我们搜索一个特定的记忆时，我们就像渔民在深不见底的海洋里撒网，捞上来的不是某个名字、地点或事件，而是一个由种类繁多但又紧密相关的事实和数据组成的庞大网络，它们都是往日众多乱七八糟而又几乎无价值的信息碎片。我们不会注意到所有碎片，因为我们往往在寻找一件东西时忽略了其余的。空间记忆辅助回忆非常常见，例如当我们试图记住一个人的名字时，或当我们遇到一个面熟的女人却想不起她的名字时，我们就会搜索最后一次见到她的地方，以便回想她的名字。在瞬间的搜索和检索中，我们的大脑可能会充满各种各样的联想，但我们没有意识到这一点，因为我们仅专注于发现一个名字。

为了使记忆法发挥最佳效果，我们记忆的位置应该是任意的，既不是按照逻辑，也不是按照常规。它可以是一种景观——森林、花园、山路——只要是具有鲜明特征的东西都可以，这样容易被人注意和记住。但大多数人在践行记忆艺术的时候选择构建想象的建筑物。比起让他们的精神景观去适应现实世界，构建想象的建筑物能够使他们拥有更多的控制权。文艺复兴时期，人们被要求能言善辩，当时没有提词器，甚至没有便宜的便签纸，于是手被用来辅助记忆。手掌是最方便的便携式记忆设备。[1]基于某些尚不能完全理解的原因，我们可以通过实物来巩固和增强记忆，这些实物可以是记忆石、绳结，也可以是人体的某个部分。[2]

许多老年阿尔茨海默病患者住院治疗都使用空间环境帮助记忆。工作人员为患者重建他们居住过的房间，本质上是重新创造患者的生活环境。熟悉的环境使患者意识到他们在某个安全的地方。这样做是为了让他们找到方向，不用去适应陌生的风景，可以让他们平静下来。[3]

在现实空间中行走的习惯也有助于激发记忆。运动不仅仅是身体的运动。数学家、作曲家、作家、科学家等脑力劳动者，在他们

---

[1] *Writing on Hands: Memory and Knowledge in Early Modern Europe*, organized in 2000 by the Trout Gallery, Dickinson College.

[2] 我们与所制造的对象之间的特殊关系并不像它最初看起来那样简单。为什么我们能够通过制造物品进行思考，而其他物种却不能呢？一些哲学家拥护"延展心智理论"（extended mind theory），他们提出，我们的意识在认识物理世界的时候会合理化、殖民化物理世界。我们创造工具和技术以便将我们的意志扩展到世界各地。这与通过财产所有权（"我的土地，我的奴隶，我的房子，我的猫"）扩展自我不同。前者在人类文化中普遍存在，后者在不同文化中差异很大。关于这场辩论的概述，见 Clark, *Supersizing the Mind*。

[3] Danziger, *Marking the Mind*, 271.

卡壳的时候常常会出去散步，就好像运动真的可以让他们大脑中困住的部分得到解放一样。贝多芬、狄更斯和克尔凯郭尔都会在下午进行长时间的散步。[①]适度的身体运动会随着血液循环而激起大脑中的"文档"，我们对此的成因和作用机制毫无所知。但是，当习惯于在图书馆的书架上寻找文档（即使他们也不知道那是什么）的研究员抱怨网络环境中寻找资料缺少实体浏览时，我们知道他们不仅仅是哀叹他们熟知的搜索技术在新技术下变得无用。我们可以把互联网视为网络空间，但当我们身处互联网密集的数据森林中，没有实物指引我们，这是互联网的显著缺点。我们对真实的物理空间如何影响记忆知之甚少，反之亦然。我们知道阿尔茨海默病患者失去了辨认空间的能力，甚至无法辨认自己当下的位置，他们不知道自己身在何处，因为他们不记得自己来自哪里。我们知道海马体通过单个细胞来定位细胞。但是，这种定位结果如何转化为记忆，我们目前还不清楚。

幸运的是，我们重新发现了地理和地图艺术在数字时代的重要性。在没有真实空间的情况下，空间的虚拟表示是必要的，因为大脑会将它所感知的东西进行空间化。许多互联网搜索引擎使用某种形式的地图来显示结果，这并非偶然。数字搜索技术擅长于同一性匹配，无论我们是在数据库中搜索基因或匹配指纹，还是通过词语匹配和关联搜索超文本链接。但是意义感只有在我们感知的情境中

①　步行比坐着更能增强创造性思维，见 Oppezzo and Schwartz, "Give Your Ideas Some Legs"。

才能产生。交互式时间表、地图、图表和信息图如今在演示文稿和在线报纸中都很常见。[①]通过在各种情境中以图表形式排列数据来揭示关系，从而快速掌握信息的导入。情境是空间化的，西蒙尼德斯早就知道了。

图书馆是知识的殿堂

人们所能接触到的信息量总是受物理可及范围的限制。直到公元 2000 年，人们如果想获得信息，还是必须去图书馆查阅图书、期刊、地图和手稿。[②]图书馆从行政记录库到知识创造工坊的转变，肇始于希腊人，发扬于罗马人。

亚历山大图书馆建在尼罗河三角洲和地中海交汇处的狭长地带上。这座城市是通往埃及内陆的门户，也是埃及通往世界的门户。我们所说的这座图书馆是收藏手稿的地方，这些手稿收藏在一座供奉缪斯女神的神庙的一个独立建筑里。这座图书馆的诞生和消亡都笼罩在传说中，它在公元前 3 世纪至公元前 4 世纪建立，在频仍的战乱中缓慢破败，在数个世纪中遭受刻意的忽视，被拆分、毁坏，

---

① 可视化在提供信息中的作用可查看：Benedict Carey，"Learning to See Data"，*New York Times*，March 27，2015。

② 图书馆（library）是一个现代词，源自拉丁语，意为"书"（liber）。在其他现代语言中，如法语和俄语，图书馆一词取自希腊语中表示书或纸莎草的词语"biblos"（法语为"bibliotheque"，俄语为"biblioteka"）。这个词的当代内涵正扩展到书籍甚至文本之外，指任何内容的集合，比如"我的音乐图书馆"（通常是电脑上的 MP3 格式音频）。这与"档案馆"形成了对比，后者用来表示规模大得多的收藏。

最终消失。这座图书馆没有确定的死亡日期，因为它没有真正的死亡，它只是消失了。

在其鼎盛时期，亚历山大图书馆曾是地中海地区文档备份和存储的据点。埃及统治者会从进港的船只上"借"来手稿，其复制用于收藏。（他们经常保留原件，并将复印件返还给所有者。）在罗马帝国早期的鼎盛时期，亚历山大图书馆的藏品可能多达 70 万卷，其中包括数万件个人作品，不过其中可能有一些是翻版或复制品，数量不详。

这样丰富的藏品非常有助于学术研究，也使神庙成为学习的地方。藏品由专人复制管理，专人研究编辑。学者们的智力劳动能够得到报酬，而收集和保存的手稿则是他们的生产工具。亚历山大的传说中有许多伟大的人物，他们往往与缪斯神庙有着千丝万缕的联系，他们在为知识本身而培养知识，推动学术发展，其中包括欧几里得、阿基米德、埃拉托色尼、盖伦和希帕提亚。由于上述原因，这座传奇的图书馆散发着学术乌托邦的魅力，在教授们的眼中这就是伊甸园，满足了学者们所有身体和智力需求，尤其是学者们可以招收私人学生，却不必承担教学的义务。但传说究竟只是传说，还没有可靠的考古证据来证明这个图书馆漫长而动荡的历史。[1]

想要做好工作，需要有良好的秩序。在学者们开始他们的工作之前，图书管理员必须完成他们的工作。他们的任务是双重的：建

---

[1] Battles, *Library*, 30.

立并维持一个智能机制，以便能够找到需要的东西；还要提供实物
管理，保持卷轴的安全和可用性。图书管理员和学者之间可能没有
明显的界线。（两者在专业上的区别是很晚才出现的，大概能追溯到
20 世纪中期。）这些藏品在空间中的位置形成了智能秩序和层级。某
个主题有单独的空间，并在其中按作者姓名的字母顺序排列。这与
藏品需要全面和精心的保存没有关系。如果一件物品由于无序、错
位或编目错误而不能按需定位，那么有效性就丧失了。

　　日积月累，卷轴越来越多，也就意味着有价值、易碎、卷起来
外观相同的实物也越来越多，这些卷轴可以安全地堆叠在一起进行
储存。但问题是，这样堆叠起来，它们看起来都是一样的。于是抄
写员开始在卷轴的末端贴上标签，以便快速识别。到这时为止，一
切都很顺利。当你阅读完一个卷轴，你可以把它放回原来位置的顶
端。但如果你想看看最底下的卷轴呢？你必须小心地调整上面的所
有卷轴来取出最下面的卷轴。在古代世界，体力劳动十分充足，因
为使用奴隶和雇用童工是普遍现象。亚历山大的图书管理员可以通
过投入大量廉价劳动力来解决卷轴管理问题。但是更好的解决方案
是采用更先进的技术——册子本。这就是我们今天所知道的书籍形
式，一张张纸（或纸莎草纸）切成统一的大小，前后用封面装订。册
子本比卷轴更易于搜索，也更便携，而且因为它有书脊，所以更容易
竖立在书架上保存，书脊上的书名也更便于辨认。这种新的图书形
式能够更高效地保持良好的知识秩序和最大限度地利用书架空间。

　　直到现在，对实物进行管理仍是我们管理知识的唯一方法。知

识的秩序反映了事物的秩序。在数字档案中，没有实物，只有位元。它们被随机储存，在被调用到屏幕上时动态聚集。芯片上没有刻意安排位元的位置。但话说回来，它只是一台搜索档案的机器。现在我们在存储和检索问题上投入了大量的机器劳动。

亚历山大图书馆在近代史上备受尊崇，因为它具有非常宏大的愿景、多种语言和各个学科的知识，而不仅仅是基于一种意识形态、宗教或其他部落意识筛选藏品。它是一座帝国图书馆，坐落在古代世界最国际化的城市，希腊人、罗马人、埃及人、犹太人、亚美尼亚人、波斯人，以及其他许许多多人聚集在此。图书馆作为人类记忆的储存库，象征着人类试图收集一切知识来征服世界。亚历山大图书馆是最雄心勃勃的图书馆，它也是数字时代图书馆的基本模式。①

记忆道德和书写效率

只有记录下来，知识才能代代相传，希腊人接受了记录的必要性，但也把它变成了一个哲学问题。公元前5世纪，柏拉图在书面证词里曾写道，苏格拉底曾告诫我们，书写的发明将导致无知，并最终导致记忆的死亡：

> 如果有人学了这种技艺，就会在他们的灵魂中播下遗忘，

---

① 2002年，亚历山大图书馆（Bibliotheca Alexandrina）原址附近建立了一座集图书馆、博物馆和文化中心于一体的新馆，并对外开放。它收藏了与地中海有关的书籍和手稿，其中许多是法国国家图书馆捐赠的，还有大量的缩微胶片、数字手稿和珍本书籍。

因为他们这样一来就会依赖写下来的东西，不再去努力记忆。他们不再用心回忆，而是借助外在的符号来回想。所以你所发明的这帖药，只能起提醒的作用，不能医治健忘。你给学生们提供的东西不是真正的智慧，因为这样一来，他们借助于文字的帮助，可以无师自通地知道许多事情，但在大部分情况下，他们实际上一无所知。他们的心是装满了，但装的不是智慧，而是智慧的赝品。①

苏格拉底认为，一旦知识被写到一张纸上，它就离开了我们，我们也就觉得不再有责任去记住这些知识。

当然，书写也有它的用处。甚至苏格拉底也可能因为柏拉图写下了他所说的话而感到安慰，正因为被记录在纸上，苏格拉底才能不朽。其他希腊人的作品——埃斯库罗斯的戏剧、萨福的诗文、德谟克利特和伊壁鸠鲁的作品——都失传了。我们失去它们是因为它们被记下来了吗？

苏格拉底向我们提出的关键问题是责任。谁来负责保持知识的活力？我们在智能手机上保存联系人的个人信息，然后我们将这些信息备份到云端，相信这些信息是安全可靠的，在我们需要的时候可以随时调取。但这种信任从何而来？对苏格拉底来说，记忆是一

---

① Phaedrus，275a–b。这实际上是柏拉图引用了苏格拉底的话，苏格拉底引用了埃及法老萨姆斯（Thamus）谴责埃及神灵塞乌斯（Theuth）的故事，因为塞乌斯发明了文字。

种道德行为，触及我们存在的本质。记住大量的电话号码可能不是记忆的最佳用途，但我们清醒地认识到，即使是记住他人的电话号码和地址用于商业服务这样简单的事情，也有潜在的道德含义。我们如何知道我们存储在云端的数据是安全的，如何保证它们不受黑客、小偷和监管机构的窥探和攻击？在数字领域，我们很难弄清楚依赖迅速发展的存储设备的全部风险和好处。变化非常迅速，我们没有时间放慢脚步，去了解新服务的真正成本，而且这些新服务给我们腾出了如此多的时间和精神空间。相反，我们往往通过试错来学习。

当我们把某件事存入记忆时，我们吸收它，代谢它，并把它纳入我们用于理解世界的心理模型中。希腊人非常珍视修辞表达技术，而记忆是这种技术的基础。但是死记硬背和重复却不是他们想要的。记忆的艺术是作为一种表演来教授的，它根据一套熟练的规则实时完成。记忆本身的基础是自然发生并具有表现力，它不是一成不变，也不是永久的，而是在特定的环境下形成的。

记忆女神摩涅莫辛涅（Mnemosyne）是大地之神盖亚（Gaina）和天空之神乌拉诺斯（Uranus）的女儿，她与宙斯的结合，生下了缪斯九女神，分别掌管史诗、抒情诗、歌曲、舞蹈、圣诗、喜剧、悲剧、历史和天文。这些艺术和科学的女神在宗教场所受到尊崇，比如亚历山大图书馆，那里创造并传播知识，使知识保持了活力。传播知识不仅仅是通过发行手抄本来实现的。传播有点像网络上的广播媒介：事物不断循环。如果不这样做，知识便退出了公共话语。

知识的活跃依靠缪斯女神赋予人的精神、气息和灵感。

学者、艺术家依赖深入记忆思想、文字、旋律、图像和方程式，创造了大量知识。缪斯女神被用来激发灵感，给表演者提供提示。[①]这些表演者靠记忆工作，但不是文字记忆的奴隶。他们对一个故事或一首诗的描述是各自独立的。就像爵士艺术家，他们的脑海有一个脚本，在演奏的时候，他们会填补空白，重复一些常用的即兴演奏段落，给观众带来个性化的独特感受。大量受启发的人都运用记忆，于是经典的记忆艺术延续到书写时代，它也是一种道德演进的艺术。

现在有一种观点，认为在屏幕上阅读而非在书页上阅读，会破坏我们的同理心，这种观点的逻辑和苏格拉底是一样的。两者都非常重视通过背诵或阅读来重温某人的思想和文字，因为这一点对人的更高本质的发展至关重要。人们担心如果没有纸质书，我们将缺乏磨炼理心的工具，也就无法在一个日益需要我们具备同理心的拥挤星球上养成生活所必需的心理习惯。但他们和苏格拉底一样，把媒介和信息混为一谈。具有讽刺意味的是，人们现在开始赞同苏格拉底，后悔失去了印刷文化，认为这是道德发展的倒退。

苏格拉底警告说，将记忆记录在莎草纸（或电脑芯片）上会使人失去智慧，他预测说外部记忆系统会伤害人类，但这一预测完全没有切中要害。如果没有将意识转化为物质，我们的生物记忆就

---

① Danziger, *Marking the Mind*, 28ff.

会永远停留在当下，接触面很窄，死后也不会留下什么。但是一旦将记忆记录在实物上，知识不仅可以在个体之间共享，它也可以传播——收集、复制、交换，借出，虽然也经常被盗。让知识在各大洲上代代相传，是我们能创造的一种最接近理想的自然资源——不会枯竭且随着使用而增加。

尽管如此，苏格拉底的担忧并非完全没有道理。把知识范围扩大到一定规模之外，就不可能实现他认为的生活中最重要的事：认识自己。我们可以用超出我们能力的速度扩展知识的规模和广度。把记忆记录在实物上面临的真正道德风险在于，我们的能力不足以预测自己的行为会产生什么后果，也拒绝为我们使用知识的方式承担责任。这是一种自古就有的担忧，萦绕在所有的知识文化中，这让浮士德和弗兰肯斯坦的故事永远鲜活。它使洛斯阿拉莫斯实验室里研究原子弹的科学家们心事重重，也使我们在读到关于转基因食品、会学习的计算机和会说话的机器人的报道时惴惴不安。

知识是脆弱的

书籍、卷轴和楔形文字都非常脆弱。知识特别容易就会被毁灭。液体会损坏纸张，泥板会破碎，潮湿的气候会使纸张发霉。一不小心，蜡烛和热蜡就会烧掉手稿。武装冲突也使知识处于危险之中，因为图书馆通常位于城市中心或附属于权力中心，而这些权力中心正是入侵者的目标。在战争中幸存下来的东西仍可能会毁于疏忽和忽视。亚历山大图书馆没有在战争中立即被毁，它的消亡是因为不再受到人们的重视。基督教和穆斯林不会注重异教知识的价值。他们没有必要为了子孙后代的利益而保留古典世界的记忆。即使基督教和穆斯林的领导人没有谴责异教思想的不敬，知识本身也变得难以负担。严重的经济压力和肆虐的瘟疫席卷了曾经的罗马领土，这意味着人们要努力地存活下去。于是狭隘主义和短期思维加强了他们对公众思想的控制。

在古典文学大消亡之后，我们清楚地看到，人类的集体记忆依赖于两样东西：一是耐用的介质，用来记录图像、文本、地图或乐谱；还有一个是机构，负责照顾和处理集体记忆的组织，并能代代延续。亚历山大港的缪斯神庙是专门用来制造和分享知识的。当知识传播萎缩时，后代人再也无法从博物馆和图书馆得到价值了。因此他们停止了对图书馆的投入。

今天人们对记忆的未来感到焦虑，根本原因是人们在潜意识里认为，我们所用的存储介质硅芯片很容易腐烂，存储的记忆也很容易被意外删除和覆盖。我们也知道很少有机构具有足够的规模和能力来完整地保存实物知识遗产，更不可能扩大规模去保存数字知识。这是一种合理的焦虑。不能保存知识，就无法获得知识。

就像保存和获取知识一样，存储媒介的命运和存储机构的命运也紧密地交织在一起，它们的发展也相互交织。信息技术使我们能够压缩更多的信息，极大地提高了效率，信息技术的每一次创新，图书馆管理员和档案保管员都要开始一场与时间的疯狂赛跑，利用新的媒介，而这些新媒介的寿命都不可避免地更加短暂。在关于记忆的历史中，继书写之后的下一个转折点是文艺复兴和印刷术的发明，发生在罗马帝国解体 1 000 年之后。把罗马帝国崩溃后的时期称为黑暗时代是完全错误的。虽然西欧丢失了文化，但在君士坦丁堡和伊斯兰世界的权力中心，古希腊和罗马的很多遗产都保留了下来。[①]

因此，当 15 世纪和 16 世纪那些自诩的人文主义者去寻找古典遗产时，他们对古代遗址和文本的挖掘取得了显著的成果。人文主义者重新焕发出来的那种纯粹且难以抑制的好奇心也催生了信息膨胀，因为他们发现了一篇又一篇文章，并创作了大量评论文章来讨论他们的发现。15 世纪 50 年代，一位金匠在阿尔卑斯山北部的一个小镇上发明了活字印刷术，于是文本可以重复印刷，这种技术代替了一次性的抄写。约翰内斯·古登堡和他的商店无意中推动了印刷机的发明，把温和的学术激情变成了文艺复兴时期的一场伟大学术风暴。这股风潮迅速发展并传播了复兴和改革的精神。

[①] 在拜占庭，世俗和牧师精英都被教导阅读荷马的《伊利亚特》。从荷马开始，他们会接着阅读埃斯库罗斯、索福克勒斯、欧里庇德斯、阿里斯托芬的伟大戏剧，接着是德摩斯梯尼、修昔底德、亚里士多德和波菲利。详见 Carr, "Reading, Writing, and Books", 181, 192–99。

第 4 章

逝者能言

> 我在书籍中寻找的也是一种岁月优游的乐趣。若搞研究，
> 寻找的也只是如何认识自己，如何享受人生，如何从容离世的
> 学问。
>
> ——蒙田，《论书籍》

蒙田（1533—1592 年）是由书籍陪伴着长大的，他从小就对阅读产生了乐趣。就在他出生之前的几十年间，两股冲突的力量彻底改变了记忆的景观。第一股力量是始于 14 世纪的先锋派神职人员和精通文学的人员对埋藏已久的古代文学和艺术的发掘。这个古代文明在支离破碎中苟延残喘[①]，没有人能够理解它，但文艺复兴使它重见天日。推动变革的第二股力量是活字印刷技术。它来自今天的德

[①] 几个世纪以来，古代文献通过威尼斯帝国渗透到欧洲西南部，与拜占庭有着密切的联系；在西方，摩尔人的西班牙与伊斯兰教的学习文化有着密切的联系。

国美因茨，那里是古代世界的边缘地带，但德国工匠用精湛的技艺和对技术完美的执着，极大地弥补了他们在世界上的地位。

印刷机的出现满足了对阅读材料的巨大需求，反过来又激起了新文人的好奇心。他们想要更多的书，更快更便宜地印刷出版。图书生产很快达到了前所未有的规模。到 1500 年，也就是印刷机投入使用的 40 年后，大约有 1.5 亿到 2 亿本书涌入了欧洲文化的流通领域。① 可供阅读的书籍数量和质量都发生了戏剧性的惊人变化。

结果就是，在 16 世纪 30 年代，蒙田是以 "印刷时代原住民" 的身份在阅读②，这类人群成长于记忆和学习的新生态中。他身处于人类历史上第一次被详细记录下来的信息膨胀时期（实际上是自我记录）。他在一生中出版了一系列畅销书，于是他既是自己所处的这个时代的一面镜子，也塑造了这个时代。信息巨大膨胀，并因书籍和报纸而广泛传播，在许多同时代的人（包括蒙田在内）看来，信息的膨胀创造了一种思想大交流，这既令人鼓舞又令人困惑。

尽管书商仍在学习利用新技术（包括标题页、目录和连续页码），但书籍已不再是劣质的手抄本复制品。第一批印刷书籍是对手抄本的成熟模仿。在今天的美国国会图书馆的大厅里，有两本《圣经》面对面地摆放在小汽车大小的陈列柜里，它们问世的年代相近，都非常杰出。《美因茨大圣经》是在 1452 年至 1453 年用传统方法手

---

① Febvre and Martin, *The Coming of the Book*, 186.
② 蒙田的父亲有点古怪，他决定把他的儿子培养成能够流利使用拉丁文的人。他的父亲把他自己的沉浸式学习方式强加给小蒙田。在蒙田的头十年人生里，除了拉丁语，他的父亲不允许他说或听任何东西。

工制作的。对面是古登堡印刷的第一本作品《圣经》，这是一本罕见的皮纸抄本，很可能产生于同一时期的同一个城镇，它完美地模仿了手抄本使用的哥特体。[①] 只需一瞥，你就能知道古登堡的作坊是如何完美地用机器创造出了一件与一流抄写员相媲美的作品。

蒙田抓住了印刷的可能性，毕竟对他来说印刷并不新奇。他创作出一种表达方式，一种没有主题、几乎是即兴的表达方式，而印刷技术的发展给他提供了现成的受众。他出版了一卷又一卷的短篇散文集，共有 3 本，107 篇，篇幅从不足 1 页的《论古人的节俭》到超过 100 页的《雷蒙·塞邦赞》等。[②] 他把他的这些散文叫作随笔（essais），意思是尝试、测试或实验。

"我知道什么？"蒙田这样问自己。写作和修改文章是他从世界中寻找答案的方式。从许多方面来看，蒙田都是一个出类拔萃的人。他家境殷实，在他身处的时代只有不到百分之十的人掌握读写，并且基本上都是男性。而蒙田能快速让读者感受到他不同寻常的品位，但蒙田觉得他自己不过是一个普通人。他相信对自己进行完整而诚实的描述能够揭示一些我们无法看到的自己，就好像拿着镜子自照，

---

① 两部《圣经》的详细情况可访问美国国会图书馆官方网站。

② 蒙田的出版历史很难理清。在他的一生中，他的随笔作品有数个版本，每次都增加新的文章，回顾增订以前发表的文章。从 1580 年的第一版，1582 年的第二版，到 1588 年的第三版，他新增了很多文章。他在 1592 年去世时还在准备出版第四版。1598 年，他的随笔在他死后出版，包括他后期的许多修改和增补。这些都为历代文学史研究者提供了素材。你几乎找不到一篇蒙田的文章是没有编辑和翻译的长篇介绍的。

我们可以更好地照鉴自己。^① 这倒是真的，蒙田从未过时，他的作品直到今天还在印刷。每个时代的人似乎都能在他的作品中找到一些能直接与他们对话的东西。对我们来说，我们正生活在一个信息技术剧变、宗教和意识形态纷争不断的时代，蒙田代表的正是我们所有人都面临的斗争 —— 辨别什么是真实，哪些"真相"仅因为合乎我们的心意而被当作真实。他教导我们如何过滤那些让人自我满足却造成干扰、令人痛苦、无关紧要或不真诚的东西。他告诉我们，有时候了解自己最好的方式就是向他人展示自己，这是当今新一代回忆录作家应该铭记在心的一课。^②

这些短文开始时只是为了更深入地阅读，与书中的作者进行对话。当蒙田还是个孩子的时候，他就是一个热心的读者。他最亲密的朋友艾蒂安·德拉博埃蒂（Etienne de la Boétie）去世并把自己的藏书留给他，此后蒙田才开始认真地阅读，与他最喜欢的作家为伴。那一年是 1563 年，蒙田 30 岁。当时他是一名法学家，在波尔多省首府的法院工作。八年后，他从公众生活中退出，回到了位于波尔多以东 30 英里^③的葡萄酒产区的祖籍地。他宣布正式退休。他的时间都用来阅读、写作和学习"如何享受人生，如何从容离世的

---

① "我过着卑微而不体面的生活；这无关紧要。你可以把所有的道德哲学与普通人的私人生活联系起来，就像与更丰富的生活联系起来一样。每个人都拥有人类的全部财产。"详见 Montaigne, "Of repentance", *Complete Works*, 611.

② 特别是关于成瘾、离婚、虐待、乱伦和其他在过去很少公开讨论的话题的回忆录，如今已经作为一种创造当代传记叙事的方式扩散开来，让读者在更大的社会背景下看到自己，理解自己的心路历程。

③ 1 英里 =1.6093 千米。

学问"。蒙田走到了一个死胡同，他觉得他不能继续下去了，因为他的世界已经没有了意义。许多心爱的人——朋友、父亲、兄弟、孩子——都去世了，而他的国家也在内战中分崩离析。他隐退服丧，准备勇敢地面对死亡。

他用拉丁文写了一份公告，贴在图书馆附近的墙上：

> 公元 1571 年，2 月的最后一天，是蒙田 38 岁的生日。长期的法庭和公共工作使他疲惫，他将退休并投入缪斯的怀抱中，去学习，他将在那个平静和自由之地度过余生。短暂的生命已耗掉大半，如果命运允许，他将在这个温馨的祖屋中走向人生的终点，他把自己的自由、安宁和闲暇奉献给了它。①

他大部分时间都待在自己的庄园里，躲在角楼里，那是他的领地。他的藏书室在三楼，他把自己收藏的近 1 000 册藏书整理好，放在容易拿到的地方。"我的书房是圆形的，只有在桌子和椅子那一面是平的，圆环摆放的五排书架环绕着我，让我一眼就能看到所有的书。这样的摆放使我能够毫无遮挡地看见三个方向，同时还有直径 16 步的可用空间。"②

蒙田去世时的年纪只比他的好友博埃蒂大 5 岁，但他觉得自己

---

① Montaigne, *Complete Works*, ix–x.
② Frame, *Montaigne：A Biography*, 121；and Montaigne, "Three kinds of association", *Complete Works*, 628–629.

老了。蒙田遭受了一个又一个的打击。博埃蒂死于1563年突发的痢疾。他深爱的父亲在经历了可怕的痛苦后,于1568年死于肾结石。一年后,他的弟弟死于一场意外。第二年,他的第一个孩子出生,却在三个月内就夭折了。他的六个孩子只有一个活到了成年。在1569年和1570年之交,他自己也曾与死神擦肩而过,当时他的马被另一位骑手不小心撞上,蒙田被摔在地上,昏迷了一会儿。但他最终醒了过来,只是抽搐了一下。他以为自己快死了。①

他活了下来,就像他从最亲近的人的死亡中幸存下来一样。在他40多岁时,他经历了第一次严重的肾结石发作,这种疾病使他的父亲丧失了行动能力并最终死亡。从那以后,他始终怀着对即将死去的恐惧。肾结石发作时的剧烈疼痛,会致人昏厥,蒙田曾多次目睹他的父亲遭受这样的痛苦。②在结石排出之前,病人始终处于炎症和感染的危险中,直至死亡。如今,我们已经有一些安全的技术可以打破结石,让结石更容易排出,如果发生感染,也可以用抗生素治疗。尽管蒙田尝试了他听到的每一个偏方,但是在他所处的时代,还没有有效的治疗肾结石的方法。

因此,每一次发病的时候,蒙田都会感到难以忍受的痛苦。更糟的是,他意识到,发病的记忆对他具有残酷的影响。即使他没有发病,也会因为对发病的担忧而无比焦虑。他承认"我最害怕的是

---

① 蒙田在随笔中描述了这件事,详见 Montaigne, "Of practice", *Complete Works*, 268–269。

② Bakewell, *How to Live*, 227.

恐惧"①。焦虑症患者都很熟悉焦虑麻痹，但对蒙田来说，焦虑本身比身体上的痛苦更难以忍受。他最终下定决心克服这种恐惧，并发展出了我们今天所说的一种认知疗法，这种疗法被证明相当有效。他有意识地重写他对疾病发作的记忆，但没有把注意力放在发病的痛苦上，而是注重病痛缓解时感受到的强烈快乐。他建立了一份备忘录，将发病的每一次疼痛和消退的经过都写在纸上（"因为缺乏自然记忆"）。当他感觉要发病时，他会回顾以前的发病记录，并向自己保证，这一切都会结束。过去的经验给了他希望。在他生命的最后时光，当他面对时常发病的痛苦时，他相信"大自然赋予我们痛苦也是一种荣幸，这样我们才能体验快乐和无痛"②。因此，经过理性的磨炼，他的经历教会了他如何生活。

阅读和写作就是记忆

蒙田非常熟悉图书印刷带来的信息过载。但作为一个印刷时代的原住民，他已经想出了一种方法，他在自己和泛滥的信息之间设置一个过滤器。就像我们今天面对过度信息时采取的行动一样，他向他的朋友寻求建议——什么该注意，什么该忽略。他从小刻苦学习拉丁语，而作为一名读者，他网罗了一群他所喜爱的作者。然而，当他长大成人时，这些人中有好几个他极为珍视的都已经不在人世了。这也许是一种令人悲痛的遗憾，但也不必因此绝望。他仍然有

---

① Montaigne, "Of fear", *Complete Works*, 53.
② Montaigne, "Of experience", *Complete Works*, 837–838.

一个书库，有很多他非常喜爱和信任的作者，他们向他展示如何享受人生、如何从容离世的学问，比如卢克莱修、西塞罗和苏格拉底。蒙田失去了早逝的博埃蒂，但他转向图书馆，那是一个逝者能言的记忆之地。

他最初的几篇文章都是关于死亡的，令人惊叹的着迷，比如"论悲伤""论害怕"和"探讨哲学就是学习死亡"（这是引用自西塞罗的一句话）。每本书都充满了斯多葛派和伊壁鸠鲁派哲学家的长篇大论，而这些哲学家曾在没有基督教启示的慰藉下面对死亡。阅读和写作对蒙田来说几乎是不可分割的，它们本身就是记忆的行为，维持着他与博埃蒂的对话，他在他的朋友死后被迫以一种不同的方式继续交流。

当他决定发表这些文章时，他声称是为自己的后代写的。蒙田在 47 岁时出版了随笔的第一卷，他在前言中说，写的文章是为了"亲戚和朋友，当他们失去我的时候（将来一定会），他们可能会在书里找回我的一些习惯和性格，并且在书里更完整更鲜活地回忆我"[①]。让自己成为书的主题是一种大胆的做法。对现在的我们来说，这种做法非常熟悉，完全没有争议，甚至会觉得这种以自我中心的方式挺无聊。但那是因为我们都是他的模仿者。

蒙田可能不是第一个在前言中虚伪地否认自己谦卑意图的作家，他当然也不是最后一个。但在几十年的出版、编辑和再版过程中，

---

① Montaigne, "To the Reader", *Complete Works*, 2.

他不断地向读者解释他打算做什么，以及我们作为读者应该如何理解他在做什么。随着他不断成熟，蒙田不断记录自己的变化，他努力重塑他的写作，并重新诠释自己。尽管以他自己的标准来看，他早期的文章有点害羞、胆怯，甚至有些笨拙，但我们可以感觉到，要用一种自创的体裁进行创作是多么困难。阅读、思考和写作的过程都是在这种笨拙的新形式的磨炼下推进的。他的写作似乎相当吃力，我们也就能理解这种古旧语言在风格上为何有些呆板了。

动荡的世界

蒙田把自己的经验和推论与古典哲学家的经验和推论进行对比，以检验它们是否可靠。这种将自己与历史范例进行对照的测试有助于我们理解蒙田所说的"随笔"一词，它的词根与"试验"（assay）相同，意思是通过试验或实验来检验。矛盾的是，尽管蒙田的智慧偶像是异教徒，但他觉得他们比同代人更可靠。文艺复兴不仅恢复了古希腊罗马时期遗留下来的古典文学，还恢复了这些古典文学的文本，使它们合法地成为历史知识的主体。在宗教战争期间，古典作家完全不为人所知。他们作为基督教思想出现以前的典范，没有受到宗教战争的影响，这是一场基督教不同教派之间的斗争，因此古典作家即使不是完全超然于战争，也是立于战争外围的。蒙田生活和写作的年代极其危险，正处在宗教改革最初的几十年里，欧洲的不同国家、不同地区，甚至家庭之间，都在为诸如恩典的本质、自由意志、圣礼，甚至耶稣的神性等生死和来世的问题而撕扯分裂。

16世纪50年代，天主教保皇派和反叛的新教徒之间的内战席卷了法国，持续了几十年。直到蒙田去世几年后，战争才停止。

蒙田的家庭同时接纳天主教徒和新教徒，而且他在天主教中是一个坚定的温和派，这使得他成为两个教派重点关注的对象。中间派总是独力难支。蒙田始终是一位忠诚的天主教徒，并与信奉新教的兄弟姐妹和平相处。但随着时间的推移，教派冲突出现了复杂的流血和复仇逻辑，把所有的宽容和同情都卷入了暴力漩涡。有几次，他所在的社区被敌对派系占领，还伴有瘟疫的肆虐，他被迫离开自己的家，带着家人上路。①

随着一个又一个公共机构的崩溃，整个西方基督教世界爆发了一场全面的权威危机。在英国，亨利八世宣布脱离教皇权威，没收教堂财产，关闭修道院。在法国，国王在有争议的派别中频繁宣称反对宗教忠诚。暗杀成为解决政治分歧的一种方式。②蒙田曾一度被他朋友的敌人扔进巴士底狱。

当时，教皇制度是西方唯一的世界性权力机构，其权威建立在使徒彼得的直系后裔的基础上，它的崩溃是前所未有的，并且它在政治上从未从14世纪的危机中恢复过来。当时，七名合法的受膏教

---

① 蒙田有一次被迫疏散了他的家人，到更远的地方寻求安全，但对鼠疫的恐惧使许多人紧闭大门。"我虽一向慷慨好客，却很难为我家找一处避难之地，因为这个家庭已走入歧途，它既让朋友害怕也自己害怕自己，把它安顿在任何地方都遭人厌恶，只要家中这一群人里有一个人突然感到指尖发痛，全家就得挪地方。"Montaigne, "Of physiognomy", *Complete Works*, 801–802。
② 亨利三世于1588年12月暗杀了吉斯公爵。第二年8月，他自己也被人暗杀

皇在法国的阿维尼翁继任，而不是在罗马，还有其他一些人也声称统领罗马教廷。但教皇的宗教权威和声望仍然很高，直到出现更细节的（通常是印刷的）报告指出教廷的道德腐败。这些报告经常有色情图画，以抓住读者（不论是识字的人还是文盲）的眼球，色情部分总是比可靠的报告更受各年龄层受众欢迎，也传播得更快。人们对各级神职人员的幻想破灭了，但他们的宗教信仰并没有削弱。相反，宗教激情导致了宗教改革，而不是基督教信仰的消亡。[1]

　　统一的基督教世界崩溃的原因有很多，科技也在其中发挥了作用。印刷出版促进了反教皇宣传的传播，翻译使福音得到更广泛的传播。一方面，印刷帮助教皇卖出了更多的赎罪券（教会声称赎罪券能够让购买者在死后更快地进入天堂）；另一方面，报刊大量刊登了马丁·路德的《九十五条论纲》，他对放纵教皇的各种腐败行为进行了严厉的抨击。[2] 印刷出版消除了垄断信息渠道的可能性。经过几代人的努力，民众和政党才学会熟练控制媒体，从而控制信息。与此同时，出版商们争相为自己的图书抢占市场份额，就像我们今天的企业家争夺搜索引擎、社交媒体和移动设备应用程序控制权一样。印刷商则开发了有利于读者阅读的产品，比如小开本图书（8 开大小，相当于今天的平装书），为便于阅读而设计新字体，以及更自由地使用逗号和分号以便于读者理解。

---

[1]　MacCulloch, *The reformation.*

[2]　关于印刷和宗教宣传，详见 Febvre and Martin, *The Coming of the Book*, 287–319。

为了应对路德对教皇权威的挑战，也为了应对在正统教义瓦解过程中分离出来的宗教异见团体，教廷数次（1545—1547年，1551—1552年，1559—1563年）召开了特伦特会议，以策划一次反击。他们被逼得走投无路，感到自己很脆弱，于是决定一些宗教问题，以避免使这些问题成为公开、模棱两可、不断变化的问题。于是，虔诚的天主教徒目之所及都是正统教义。教会甚至编制了一份"受污染"书籍的目录，即禁止信徒阅读的禁书索引。1676年，蒙田的文章被添加到这个令人耻辱的名单中，这无疑让他的书在未来几个世纪里拥有了稳定的读者群。慈悲为怀的上帝的世界，在微妙的灰色阴影中，变得完全黑白分明。教会鼓励自省，因为自省可以让人审视人的灵魂。但是试图理解自己作为一个人，一个具有价值和尊严的独一无二的个体，有别于教会鼓励的审视人的灵魂。蒙田的这种自省坦率而古怪，对教会来说，蒙田的作品很不虔诚。在讨论他的宗教观点时，他有一种天生的谨慎。他可能在自我的某些方面敢于大胆地揭露。他津津有味地写着自己性器官的大小、排便的频率以及肾结石的情况。但在与上帝关系最为密切的事情上，他始终有所保留。

以历史为镜

蒙田的散文吸引了一群忠实的读者，更准确地说，他培养了他的读者群，他给读者们传递了一些全新的东西，甚至读者自己也不知道他们想要这些新东西。在他的作品中，同时代的人可以通过他发现一个不同的过去，一个比当代基督教世界更适合探索人类状况的世界，即使那个过去的世界充满了无法救赎的异教徒。蒙田用来自省的镜子是过去的经典之作，但读者在镜子中看到的却是一幅清晰的当代图景。古希腊和罗马文学完全不同于基督教神圣文本，它们的大规模复兴给了欧洲人另一种过去，完全属于他们自己。蒙田的创新之处在于，他不是通过学究式的冗长而乏味的评论，而是以一种实验性的形式向读者呈现这个世界，而这种实验性的形式所反映的正是像他自己一样充满错误、抱怨、幽默和怜悯的人的精神历程。

对我们来说，重要的不是古代那些非基督教徒具体表达了什么，而是蒙田更多地讨论古人，而不是教会的神父。他没有问耶稣会做什么。他的参考点大多是柏拉图、品达和普鲁塔克。他知道读者会熟悉古地中海时代这一群耀眼且值得学习的人，他的读者可以从这一群人身上学习自我塑造的艺术，并且方式多种多样，就算读者不熟悉，他们会希望自己看起来很熟悉。这些读者阅读蒙田就像我们阅读书评一样，以便熟悉我们可能读过或没读过的书。过去变成了现实，由真实世界中的真实人群组成。蒙田用过去观照自己，也向读者展示了另一种生活方式。他挖掘人类的集体记忆，向读者揭示了生活方式，欧洲人实际上是在复兴一种已灭绝的文化遗产，并使这种文化适应他们自己。就像农民希望加强他们日渐萧条的葡萄园和果园一样，欧洲人把一种古老的文化记忆嫁接到他们自己的文化根基上，使基督教世界原本单一的文化开始多样化，也就增强了其抵御内部腐败、腐朽和教派纷争的力量。

蒙田于1592年死于肾结石引起的并发症。在接下来的几个世纪里，每隔十年，古典主义就显得更宏大、更有影响力。通过艺术家、作家和作曲家等文化渗透的传播，它成为享誉世界的典范。古典主义还给出了有关民主、共和、帝国的政治范例，以及这些范例如何堕入暴政和武装冲突。印刷商开始通过新的法律保障版权来确保收入来源，出版业开始成为一个产业，加快了思想传播的速度和范围。

信息膨胀会产生独特的冲击波。对古典文学的发掘和印刷出版的普及使得这一过程留下了大量的记录，也是人类历史上第一次清楚地看到一种新的混乱的记忆景观的共同特征。新媒体，无论是印刷、录音还是数字制图，总是会催生新的作家，他们在新类型的作品中努力吸引新的受众，用耸人听闻的效果来吸引眼球。古代哲学家、历史学家和诗人，如亚里士多德、恺撒、苏埃托尼乌斯、卢克莱修、维吉尔和奥维德的译文只吸引了一小群有影响力的读者。更让大多数读者津津乐道的是那些耸人听闻的故事，讲述的是穿越大西洋到陌生国度的旅行，书中充满了想象不到的奇特动植物的插图；或者是拉伯雷和他的模仿者所讲的包含了流氓、食人魔和美丽少女的流浪汉故事。最重要的是，人们可以阅读《圣经》了，它不再是专属于教会拉丁语，人们可以选择多种通用语言的版本去阅读。读过《旧约》的人都知道，《圣经》充满了性、暴力、洪水、饥荒、瘟疫、家庭情景剧、奇迹、鬼魂、幽灵、燃烧的灌木丛和各种各样的恐怖场景，这简直就是一份大众娱乐的完整名单。①

　　这种新的混乱的记忆景观的第二个特征是毫无方向。所有指示和路牌被抛来抛去，或者干脆淹没在未经过滤的信息中。一旦阅读和写作没了惯常的障碍，文字和图像就会自由且混乱地传播，人们不可避免地会经历一种眩晕，无法感觉上下、前后、过去和未来。真假之间的界限变得模糊。这种效果甚至不需要印刷的书籍流通到读者手上就能产生。想法和观点不需要依托书籍就能在市井的交谈中随意传播，就像无聊的办公室职员在饮水机旁交流故事一样。在蒙田的时代，书中的真实事件或虚构故事早已在相邻的城市之间传播。通过印刷，思想和观点获得了自己的"物质实体"和"旅行护照"。虚构故事特别能够代表舆论。印刷业本身就隐含着对权威的认可。（试想他们的对话："如果有人不怕麻烦去印刷，那么内容一定是真的。对吧？"）构成价值、人格、罪恶和拯救的概念是非常矛盾的，而它们又被释放到信息世界的海洋中，在读者和受众人群中制造一波又一波的对峙、竞争和混乱。印刷业引起了这一流言：即使没有读过书，也会受到书中思想的影响。

　　蒙田敏锐地意识到，在他以为充满智慧的书里也充满了欺骗和迂腐：

---

① 　尤其是《圣经》出现了各种地方语言的版本。"从 1466 年到 1522 年，《圣经》有 22 种不同的德语版本；它在 1471 年传到意大利，1477 年传到荷兰，1478 年传到西班牙和捷克，1492 年传到加泰罗尼亚。1473 年至 1474 年，法国出版商开拓了精简版《圣经》的市场，只摘取令人兴奋的故事，而忽略了棘手的教义章节。"详见 MacCulloch, *The reformation*，73。

我曾听说有人利用他从未研究过从未听说过的东西写书，作者把研究这样那样课题的事托付给他各种各样的学者朋友，他自己只管作计划，最后靠投机取巧编纂出一捆自己并不熟悉的废话；纸和墨水起码是他自己的嘛。凭良心说，那只是买书或借书，而不是著书。①

蒙田主要的不满不是随意胡乱地拼凑一本冗余和空洞的书籍——就像我们今天在博客和网站上看到的那种剪切粘贴（附上了清单和超链接）——他最不喜欢的是那些对读者进行长篇累牍的抨击、指责和充满偏狭的书。他对此怀着极大的怀疑，拒绝效仿。他略有些自负地对读者说："请原谅我的无知……总的来说，我寻求的是那些可以用来学习的书，而不是那些只罗列知识的书。"②

在这样一个时代，当相互矛盾的思想和所谓的事实以同样的力量令人难以置信地传播时，我们面临着权威的危机。随着我们对官方和权威机构的失望，我们被迫自己决定哪些信息来源是可信的，哪些是不可信的。相信"什么"的问题在不知不觉中变成了相信"谁"的问题。当我们被大量信息包围，会本能地求助于那些似乎最值得信赖的权威人士和团体。我们向朋友求助。当朋友让我们失望时，我们会抱有极大的希望去求助于专家。

蒙田没有与他所处的时代抗争，他相信自己的经验和理性，拒

---

① Montaigne, "Of physiognomy", *Complete Works*, 808.
② Montaigne, "Of books", *Complete Works*, 301.

绝承认任何权威。"我知道什么?"他在随笔中忠实地记录了多年自我反省后得出的结论:事实上,除了不变的变化,他对这个世界和自己没有什么把握。他开始把生活看作一种不断变化的状态,而不是一种存在。一切都在变化。他也从来没有固定下来。"我(在文章中)的目的只是揭示我自己,如果我学到一些改变我的新东西,明天的我可能会不一样。"[①]他用这样的方式使自己更好地面对生活的不确定性。记忆为他提供了一种跨越时间的连续性,促使他改变,而不是在动荡年代的巨大压力之下崩溃。最终他还是没有学会如何从容离世,只学会了如何享受人生。

我们在蒙田的随笔中可以看到直接存取大量文本的巨大力量。西方的集体记忆第一次超越了宗教思想和神圣文本的单一文化。欧洲人通过复兴自己的古典文化获得了人类多样化的经验。接着,他们横跨大西洋发现新世界。蒙田去世后的一个世纪里,欧洲和不列颠群岛的识字率迅速上升,尽管各地的识字率不同,并且主要集中在城市地区的男性中。思想借由书籍、小册子和地图得到广泛的传播,除了那些能够阅读的人,不识字的人在自己家里,在当地教堂的长凳上,在越来越多公共场所(提供酒和来自新大陆、印度的广受欢迎的进口商品、咖啡、可可、茶的"酒吧")也能接触各种思想。为了满足人们对新奇事物、信息和八卦日益增长的需求,一种新的媒介应运而生,那就是报纸。

---

① 　Montaigne, "Of the education of children", *Complete Works*, 109.

我们知道启蒙运动随后应运而生，因此事后看来，我们可以发现这样一种观点，即我们从自己选择的书籍中获得的知识是一条通往自主的道路，一条摆脱盲目听从权威的道路。印刷的文字具有一种力量，好像它带着真理和正义的光环，也就使人相信《圣经》所写的都是真实的。在《圣经》从拉丁语翻译成通用语言之前，这种想法是不可能的。在《圣经》矛盾和不连贯的风格中，人们开始在同一行经文中看到许多不同的东西，并朝着完全不同的方向理解。同样，今天互联网上的通信速度之快，加速了一场极端的竞赛，一方是迫切要求回归本源的宗教激进主义者，另一方是一心要加快变革步伐的未来主义者。

蒙田一直是一名公务员和政治家，他唯一的抱负就是了解自己。他醉心于从他的畅销书中获得公众的赞誉。但他从未预料到——更谈不上企图——他所写的东西会塑造历史进程或影响政治家的思想，而这正是马基雅维利在出版《君主论》时所希望的。蒙田的作品此后还引发了另一场思想革命——启蒙运动，这场运动将知识改变人类命运这一观点奉为圭臬。蒙田的藏书室为他的私人目的服务。而在启蒙运动时期，图书馆具有公共和政治目的。

蒙田的最后一篇文章恰好是《论经验》，他告诉我们"没有什么欲望比对知识的渴望更自然。我们尝试了所有能让我们成功的方法。当理性失败时，我们就会使用经验"[①]。在 17 世纪，对知识的追求成

---

① Montaigne, "Of experience", *Complete Works*, 815.

为文化的中心，这种文化将逻辑和科学推理提升到了新的高度，建立了研究自然世界的工具，并将关于自然的推理建立在经验事实的基础上。在 18 世纪，受过教育的精英们开始把理性和经验看作是建设人类进步、自由和幸福之路的主要工具。在蒙田时代崩溃的基督教世界此时又重生了，虽然不再是一个统一的世界，而是由许多民族国家组成，而这些民族国家拥有巨大的殖民帝国，新的文化被移植到这些殖民地上。1743 年，托马斯·杰斐逊出生在大英帝国一个偏远的烟草种植殖民地。此时，好奇心已经摆脱了它在伊甸园中的坏名声。杰斐逊从小就相信好奇心是一种自然的欲望，对开明的人来说，任何自然的东西都是好的。

第 5 章

包罗万象的图书馆

如果一个民族期望在无知的同时拥有自由，那么在一个文明的国度里，这一期望从来没有、将来也不会实现。

——托马斯·杰斐逊写给查尔斯·扬西（Charles Yancey）

的信，1816 年 1 月 6 日

托马斯·杰斐逊（1743—1825 年）对蒙田的散文很了解，也和蒙田一样对西塞罗充满热情。但他是一位政治人物，他读西塞罗是为了寻求政治建议，而不是为了探究如何享受人生，如何从容离世。杰斐逊研究的是如何使国民从国王的臣民变成共和国的公民。在从英国君主手中赢得独立战争的胜利后，他很快开始着手塑造新的国民，将他们塑造成自由开明的人，美国的公民。自西塞罗时代以来，还没有一个自由的共和国公民是自由的。因此历史将是唯一的导师。

对于启蒙运动的男男女女来说，他们需要获得知识，并将知识组织和塑造成进步的工具。开国元勋们认为，善意的人彼此自由地分享思想，将加快启蒙的进程。杰斐逊在给艾萨克·麦克弗森（Isaac McPherson）的一封关于专利和财产问题的信中写道，"思想是个人大脑难以捕捉的发酵"，不可能是一个人的专有财产：

> 它的特殊之处在于，不用担心因为其他人拥有全部思想而导致某个个人的思想会减少。从我这里获得思想的人也就获得了他自己的思想，但不会减少我自己的思想；就像借着我的蜡烛点亮他自己的蜡烛，照亮了他自己但不会减弱我自己的光亮。思想应该自由地在全世界传播，给予全人类道德的指引，以便改善人类的境遇，这似乎是自然之力的独特设计，也体现了自然的仁慈。所以当思想产生后，它就会像火一样迅速传遍世界各处，并且它的力量不会有丝毫的减弱。

在这个预言式的愿景中，杰斐逊描述了一个虚拟的网络，它不受自然阻碍，能够跨越时间和空间传播思想——除了人类自己设置的所有权障碍。（他的这封信是对冗长的版权或专利条款以及其他阻碍思想自由流动的障碍的延伸论证。）我们把这个网络称为互联网。从杰斐逊时代到现在的几个世纪中，技术创新都是由对知识的自然渴望所激发的，这种渴望可以用于人类的道德教育，也可以改善人类的状况。这些理想诞生于启蒙运动时期，在托马斯·杰斐逊的生活和思想中充分体现出来。这一不断进步的新理念尊重知识的工具性目的——改变世界、影响人民、确保人人享有幸福和自由。杰斐逊从来都是一个急躁的梦想家，他试图加速未来的到来，倡导用系统性的知识改变世界。他从自己在蒙蒂塞洛庄园的图书馆获得灵感，梦想建立一个宏大的图书馆，其中包含人类的全部知识，并且供所有人借阅。具有讽刺意味的是，战争与大火在历史上也许是第一次，也是唯一一次扮演了图书馆的创造者而不是破坏者的角色。

1813 年 4 月下旬，美国北方士兵入侵了上加拿大的首府约克（现在的多伦多）。他们烧毁了加拿大的国会大厦，连同帝国档案和国会图书馆也一起烧毁。善有善报，恶有恶报。第二年 8 月，英国士兵放火烧了美国国会大厦，并摧毁了国会图书馆。

为了重建图书馆，国会买下了杰斐逊的私人图书馆，当时他已退休，住在蒙蒂塞洛庄园。国会获得了他的 6 487 卷藏书，其中有 4 931 种独一无二的资料，包含书籍、地图、手稿和乐谱，是当时西半球最大、最多样化、最全面的知识收藏。

故事就这样，一种随意的报复行为引发了一个梦想，一座包罗万象的图书馆在美国诞生了。这个梦想很简单：人类所有的知识都汇集在一个单一的集合中，让所有人都能获得知识，从而获得普遍的启迪。这个创世故事已经定义了美国的知识文化，即启蒙将使人民通向民主和明智的自治。正如托马斯·杰斐逊所写的那样："普遍启迪人民群众，暴君和压迫阶级的主体和心智就会像魔鬼在黎明时分一样消逝。"① 杰斐逊是美国最忠实的藏书家和积极的乐观主义者，他成了美国图书馆的守护神。

在 17 世纪，书籍传到美国的土地上时，就因其神性目的而被神圣化，所以它在开国元勋心目中占据崇高的地位也就不足为奇了。最早的图书馆是用来收藏宗教书籍的，装在来自旧世界的宗教朝圣者的行李里。定居在北方殖民地的新教徒是《圣经》的受众。圣经和神学著作是他们精神生活的主要内容。这些书籍的目的只有一个，传授关于上帝和他的行事的故事。他们的阅读目标也只有一个，即个人救赎。

到了 18 世纪，文学界从欧洲大陆扩展到遥远的大西洋海岸，开始侵占并最终排挤宗教热心人士。文学界是一个由开明人士组成的想象社区，他们的精神家园可以在他们居住的任何地方。于是，关于启蒙运动和世俗学习的大陆思想随着欧洲的书籍进入美国的港口，越来越多的殖民者为了世俗的目的建立图书馆，藏书也包括农业、贸易、管理、政治启蒙和娱乐。杰斐逊的藏书是那时规模最庞大的，但与他同时代的许多男女和他一样热爱书籍和学习。

对杰斐逊来说，阅读的目的不是拯救而是自由。根据他的观点，要像一个自由的人那样生活，就必须拥有知识。殖民地从英国获得政治独立后，杰斐逊和他的同僚们为自由所带来的巨大责任而奋斗。他们认为，只有了解时事、贸易、农业、历史和政治理论，以及最

---

① 引自杰斐逊 1816 年 4 月 24 日写给皮埃尔·塞缪尔·杜邦·德·内穆尔（Pierre Samuel Dupont de Nemours）的信件。

重要的，了解自己的公民，才能承担这些责任。

这些责任既是道德目标，也是公民目标。美国在建国之初就决定，道德只能以一种非宗教的方式参与到公民生活中，不应该有国家宗教，也不应该有享受特权的知识分子。美国的民主要求平等地获得商品、服务和知识。美国的知识文化一直服务于这一治理理念。将知识视为工具意味着三个原则将成为美国式民主的基础：新闻必须自由，政府必须对公民公开负责，以及公民教育是权利也是义务。

图书馆成为保障这三个原则的重要工具，但情况并非总是如此。图书馆要履行这些义务，是否需要拥有非常全面的馆藏，这一点还远未有定论。这是纯粹的杰斐逊主义。当国会着手重建在1812年战争中毁坏的法律书籍、条约和地图收藏时，他们并没有想要收集全面的藏品。但是杰斐逊给出了他出售他的图书馆的理由，他谦虚地称他自己的图书馆为"替代品"。

大收藏家杰斐逊

托马斯·杰斐逊非常清楚火灾毁灭一座图书馆是什么滋味。1770年，在他26岁的时候，他在弗吉尼亚州沙德威尔的祖屋被烧毁了，同时烧毁的还有他的几百卷藏书。他很快又开始收集另一批藏书。三年内，他在笔记本上记录了自己在新家蒙蒂塞洛庄园的1256册藏书。① 实际上他拥有的藏书比这多得多，这些笔记既没有记录他

---

① *The Jefferson Bicentennial 1743–1943*, 25.

的音乐收藏，也没有记录他在威廉斯堡办公室里的书籍。

杰斐逊不仅是一个热爱书本的博学之人，他还是一个书狂，一个大收藏者。[①] 他利用一切可能的机会搜寻购买书籍。他对书籍梦寐以求，他列出书单，无论在哪里，无论有多忙，都会联系书商，定期购买他想要的书。1784 年至 1789 年，他在巴黎代表新独立的美国担任美国驻法国的专员。在此期间，他与欧洲大陆和英国的书商建立了亲密的关系，他是这些书商最好的客户之一。杰斐逊不仅自己买书，还为詹姆斯·麦迪逊和詹姆斯·门罗等朋友购书。"我住在巴黎的时候，有一两个夏天，每天下午都闲着没事，就到各大书店去看一看，亲手翻遍每一本书，把一切与美国有关的书，甚至每一门科学中稀有而有价值的书，统统买来收藏。"[②] 他没有把所有的藏书都带去巴黎，这样他就有理由再次购买他喜欢的书了。尽管他已经拥有了蒙田的随笔，他在 1789 年又购买了另一个版本。

此外，他也收购其他人的图书馆，其中包括本杰明·富兰克林、他的弗吉尼亚同胞理查德·布兰德（Richard Bland）以及佩顿·伦道夫（Peyton Randolph）等人的图书馆，他们都对弗吉尼亚的早期历史很感兴趣。购买图书馆是藏书家之间的一种常见做法。全面的收藏往往是通过收割其他收藏家的果实而丰富起来的。但对于这个新

---

① "我知道我有严重的藏书癖，对此我开出的药方是：只买价格合适的书。"1879 年 6 月 1 日，杰斐逊在给露西·勒德韦尔·帕拉蒂（Lucy Ludwell Paradise）的一封信中如此写道。

② 引自杰斐逊在 1814 年 9 月 21 日写给塞缪尔·H. 史密斯（Samuel H. Smith）的信。

兴国家的君主和政治家来说，从现有收藏者那里大规模收购书籍尤其引人注目。例如，俄国的君主急于赶上欧洲数百年的学术成就，他们是著名的图书馆购买者，彼得大帝购买了阿奇博尔德·皮特凯恩（Archibald Pitcairne）医学艺术图书馆，凯瑟琳大帝购买哲学家丹尼斯·狄德罗（Denis Diderot）的图书馆。

杰斐逊具有双重性格，这一点跟典型的收藏家或其他类型的痴迷者一样。他发现自己有了更大的野心，为此愿意花费巨额以追求藏书。这个更大的野心就是建立一个知识宝库，其中包含人类的思想和记忆，可以供美国这个年轻的国家取用并代代相传。当时，有两个重合但时有相互冲突的目标推动了他进行一系列的收购。他想在蒙蒂塞洛庄园根据自己的个人品位为他的私人目的收藏书籍，同时与家人朝夕相处。他还想建一个反映他的政治和知识的图书馆，也许在适当的时候这个图书馆可以为国家服务。当他在 1809 年永久告别公职时，他写信给麦迪逊说，他打算把自己的收藏捐给一所大学——弗吉尼亚大学或首都的国立大学。

但是就在这时，战争爆发了，也造成了他个人的财务危机。尽管华盛顿的官员对 1814 年的英国入侵发出了充分的警告，但国会大厦只撤走了少量书籍和文件，并且优先撤走了政府记录，随后才是国会图书馆的书籍。当时众议院的书记员（同时也是国会图书管理员）不在岗位上，而是去了弗吉尼亚州的一个温泉疗养地。留下值班的工作人员尽了最大的努力去找运输工具把图书搬到安全的地方，但大多数马匹和马车由于战争已经被征用。后来国会大厦失火，损失的书籍、地图、记录和重要文件（包括独立战争的补助申请）不计其数。已经很难弄清楚战争结束后国会图书馆的 3 000 册馆藏还剩下多少。[①]有关国会大厦遭到大规模掠夺的报道后来被认为是言过其实。但国会大厦的熊熊火焰被宣传者用来点燃了年轻共和国公民的反帝爱国热情。当时的人们非常关注这样的谣言 ——英国军队故意从图书馆中拖出书籍、手稿和地图，而谣言被用来煽风点火。

与此同时，托马斯·杰斐逊已经开始预想最坏的情况，他有他自己的理由。他退休后住在蒙蒂塞洛庄园，拥有很多藏书，抱有很多昂贵的爱好，因此也就负担了很多债务。在这些高昂的花费中，最主要花在了蒙蒂塞洛庄园，他生命的大部分时间里都在建设这座庄园。他承认："建筑是我的乐趣，建造和拆除是我最喜欢的娱乐之一。"[②]他自己乐在其中。国会大厦火灾发生后的几周内，托马斯·杰斐逊就向国会提出购买他的图书馆以弥补国会图书馆馆藏的损失。通过中间人，他向国会图书馆委员会提交了一份正式标书。他的提议不仅是出于经济利益，也是出于对年轻共和国的抱负。

杰斐逊一直非常关心国会图书馆，在任职总统期间（1801—1809 年），他正式设立了国会图书馆馆长办公室，确保了专门的采购预算，并对图书馆的发展产生了积极的影响。在投标书中，他附上了一份藏书目录，并请国会定价。国会给了他 23 950 美元，这个

---

① 据 1812 年的目录，火灾前图书馆有 3 076 卷藏书，还有地图、海图、报纸和国会记录。

② 这句话出自玛格丽特·贝亚德·史密斯（Margaret Bayard Smith）之口，她于 1809 年拜访了杰斐逊。见 Giordano, *The Architectural Ideology*, 150。

价格完全是根据书的大小和数量来定的。十二开本的书 1 美元，八开本的 3 美元，对开本的 10 美元，等等。参议院以一贯的慷慨大方（众议院拨款，而不是参议院）迅速通过了一项法案，批准了这笔交易。但众议院却没有批准。他们对这位前总统有众多派系意见，而且他们还掌握着财政大权。当时的一份报告指出：

> 那些反对这项法案的人，他们这样做的理由包括钱不够，必须把钱用在比买图书馆更紧迫的地方；图书馆很难维护；杰斐逊的藏书定价过高，且品种混杂，几乎都是文学〔而不是法律和历史〕，等等。
>
> 那些热烈盼望法案实施的人则用事实、机智的语言和论据对反对观点做出了答复，他们认为以长期信贷方式进行购买不会影响美国目前的资源；而且价格适中，杰斐逊的图书馆有众多稀有藏书非常有价值，这也是国家图书馆最重要的基础。[①]

有一些人，比如马萨诸塞州的塞勒斯·金（Cyrus King），试图排除"所有无神论、非宗教和不道德的书籍"，杰斐逊因兴趣广泛和对哲学的特殊爱好，他的藏书中有相当一部分书在这些人眼中应该销毁。但这些精选的藏书所具有的价值需要时间的沉淀才能展现，国会议员们却没有那么多时间。这项法案在党派斗争中最终被通过。

---

① *Annals of Congress*，13th Cong.，3rd sess.，28：1105–1106.

这件事以皆大欢喜的结局告终。国会获得了一座图书馆，杰斐逊还清了大部分债务，他甚至剩下了 8 580 美元，这一笔钱可以买很多书和酒。

政治家杰斐逊

国会到底购买了什么？一些官员显然已经在考虑"建立一个国家图书馆"，他们认为购买一座图书馆是一个良好的基础。杰斐逊本人就没有那么坦率了。他在向国会推销这笔交易时，坚持认为这些书对国会来说都是必不可少的：

> 我觉得这批书的所有内容都是国会需要的；事实上，国会议员会提及这些书包含的主题……这批藏书包括了科学和文学中的核心价值，尤其囊括了美国政治家需要的东西。[1]

的确，除了几十卷关于外国和美国的法律、条约、度量衡、贸易和海关等方面的书籍外，杰斐逊的藏书中有许多与制定法律相关

---

[1] 引自杰斐逊在 1814 年 9 月 21 日写给塞缪尔·H. 史密斯的信件。1802 年，在担任总统期间，杰斐逊起草了一份图书馆应该拥有的书籍清单，这些书是"政治家在进行讨论时必需的"，而古往今来的有些书，可以作为绅士们的私人藏书，但却不能作为纯粹供参考之用的藏书。像蒙田一样，杰斐逊从来就不是一个被一致性束缚的人。无论如何，尽管杰斐逊总统坚持认为"娱乐书籍"是不受欢迎的，但到 1812 年，"诗歌和戏剧、小说"以及"艺术和科学以及其他文学"等类别的书籍大量出现。"它们通常是由会员捐赠的，供同行使用，所以最后得到的收藏品与伦敦绅士俱乐部的没什么不同。"*The 1812 Catalogue*，xiii ff.；and Goodrum and Dalrymple，*The Library of Congress*，12.

的书，尤其是英国伟大的法学家布莱克斯通（Blackstone）、博林布鲁克（Bolingbroke）和科克（Coke）的著作。而且，在华盛顿这样的文化沙漠，国会图书馆也是国会议员和政府官员唯一可以进入的图书馆，尽管大多数书籍对立法来说并不十分重要，但是谁会否认这些书作为灵魂的伴侣不受欢迎呢？华盛顿的绅士们可以专注于孟德斯鸠、伏尔泰、洛克和休谟的智慧；他们也可以选择与过去伟大的诗人和历史学家一起度过几个小时的时光，诸如荷马、维吉尔、奥维德、色诺芬、修昔底德、希罗多德、塔西佗、西塞罗、但丁、莎士比亚、弥尔顿和奥西恩（杰斐逊认为奥西恩是"史上最伟大的诗人"，虽然我们现在知道实际上这位诗人并不存在①）。在那些轻松的时刻，在立法和对条约的严肃讨论之间，成员们可以尽情享受斯特恩、笛福、塞万提斯和拉伯雷等人的文学作品带来的乐趣。

但是，认为图书馆里的每一卷书都与治理有关的想法，是一种公然的夸大其词，一种傲慢的推销说辞，只有杰斐逊才能一本正经地说出来。实际上，杰斐逊也相信他的图书馆有助于美国人自我教育、促进科学和哲学发展，以及形成有别于其他国家的国民特征。

杰斐逊是一个未来主义者。这是他痴迷于过去的原因。他写道："每个优秀的公民都有责任利用一切可能的机会，保存与我国历史有关的文件。"②他并不是一个古文物学家，也没有陶醉于那种朴素而老

① 苏格兰诗人詹姆斯·麦克弗森（James Macpherson）发表了一系列被认为是奥西恩的史诗。他声称这些是经过几代人口头流传的古代苏格兰盖尔史诗，于是奥西恩被认为是盖尔人的荷马。
② 引自杰斐逊在 1823 年 10 月 4 日写给休·P. 泰勒（Hugh P. Taylor）的信件。

式的生活方式的独特魅力，那种生活方式是地球上早已逝去的几代
人的生活方式。保存历史记录的目的是要从中发现美国与欧洲的不
同之处，以及美国与欧洲一样好，有可能更好，但肯定不差。杰斐
逊认为，要使美国公民摆脱英国的影响，就要培养公民的道德、体
魄、审美和政治环境。清洁的空气、未受污染的水、肥沃的土壤和
广阔的大陆都有利于人类更好地发展，这是过去的经验告诉我们的。

　　他最感兴趣的是记录这个国家：由所有美国人记录的所有关
于美国的东西。杰斐逊收集了他那个时代所有可用的出版物，从书
籍、报纸和地图说明，到图表、手稿、版画、统计表和乐谱。他
的兴趣远远超出了政治、公共政策和政治经济。有美国科学家和
诗人的作品（包括第一位黑人诗人、前奴隶菲利斯·惠特利 [Phillis
Wheatley]），也有关于美洲大陆自然历史和土著居民语言的作品。
杰斐逊曾给詹姆斯·麦迪逊写信，感谢他寄来一本关于莫希干语的
小册子，杰斐逊在信中写道："我努力收集所能收集到的美洲印第安
人词汇，就像那些亚洲人的词汇一样，我相信，如果他们有共同的
起源，他们的语言中将会有所反映。"①

　　但是在杰斐逊的时代，知识的中心在世界的其他地方，所以他
的大部分书籍来自欧洲，其中很大一部分是用欧洲语言写的，有希
腊语、拉丁语、德语、法语和西班牙语。他收集了古典世界的历史、
欧洲的历史，以及所有能给美国共和党前辈提供信息的资料。杰斐

---

① 　引自杰斐逊在 1789 年 1 月 12 日写给詹姆斯·麦迪逊的信件。

逊曾给弗吉尼亚议会起草的教育法案撰写序言，这项法案是为了更好地传播知识。杰斐逊格外相信要摆脱暴政和腐败，领导人必须"尽可能地启发广大人民的思想，尤其是让他们了解历史反映的事实。通过借鉴其他时代和其他国家的经验，他们也许能够了解各种形式的野心，并迅速发挥他们天生的力量来挫败野心"。蒙田也提倡研究历史：它让我们跻身"生活在最好时代、最有价值的人"的行列。①

无论是好是坏，过去的记录是人类潜能的直接证据。杰斐逊拥有许多书，他认为这些书是不良思想和有害影响的标本。例如，他赞赏休谟的随笔，却对他写的英格兰史大加谴责，并将英国蔓延的"普遍的保守主义"（universal toryism）②归咎于此书和布莱克斯通的著作。然而，尽管他指责这些书传播了不良思想，他并没有把它们从自己的图书馆清除出去。一个包罗万象的图书馆必须包括所有重要的书籍，不管它们的影响是好是坏。自治的关键是能够获得人类已知的知识和对过去的丰功伟绩、愚蠢行为、美德和恶习等的可靠记录。一个开明的民族必须学会自己判断真理。

那么这个图书馆能告诉我们多少关于杰斐逊的思想呢？查阅某个人阅读过的书可能会有所启示，尤其是如果这些书有旁注的话。旁注是写在页边空白处或书页字里行间的评论、抱怨、笔记和涂鸦，

---

① Montaigne, "Of the education of children", *Complete Works*, 115.
② 杰斐逊在 1807 年 6 月 11 日写给约翰·诺维尔（John Norvell）的信件，引自 *Sowerby*, I: 157。

它们像高悬在脑海中的放大镜，因为阅读旁注就像听到这本书的主人在你耳边低语。但是杰斐逊一般不在书上写字，他喜欢在书上做标记，这能说明一些问题，但不一定能反映他的想法和观点。我们看不到也听不到杰斐逊与书的作者争论，但我们看到本·富兰克林在他的书中做了大量的注释。[①] 杰斐逊有一本从富兰克林那得到的书，上面密密麻麻的注释覆盖了一整页，所有空白的地方都写满了，从中我们可以看到富兰克林博士对书中观点的愚蠢和虚假所表达的强烈愤慨（写有"无耻的虚伪""另一种曲解""这是一种最夸张的断言"等）。

杰斐逊不是一个注释者，而是一个收藏者。他致力于建立一个知识的宇宙，既不评论也不批判。要读懂他的思想，我们最好研究他的书信，而不是看他书架上的书。在他的书信中，他与他人辩论，也与自己进行辩论，他在书信中提到了许多作家、思想家和历史人物。即使随意地浏览一下他的书架，也会比花同样的时间仔细研究他收藏的每一卷书更能获得关于他的信息。毫无疑问，有一些藏书他实际上没有读过，比如三卷本的俄文统计学，但这并不重要。杰斐逊的理念是收集对美国有用且全面连贯的知识，而不仅仅是迎合个人兴趣或模仿贵族收藏。正是这一理念使人们将他的收集实践描述为具有普遍性，并成为当今互联网的一个典范。但这一愿景也反映了杰斐逊精神的本质特征——兴趣广泛、永不满足、不切实际。

---

① *American Treasures in the Library of Congress*，68–69.

杰斐逊最后的工作

托马斯·杰斐逊是一位勤奋的历史学者，也是一位自觉创造历史的人。对于他这样的人来说，矛盾之处在于，无论我们从过去学到多少，在创造历史的过程中，我们不可避免地抹去了之前发生的许多事情。法国大革命初期，杰斐逊在巴黎给麦迪逊写信说："地球属于生者，而不是死者。"①杰斐逊在弥留之际仍然是一位坚定的革命家，而革命家采取破坏性的行动，又希望具有创造性，他们破旧立新，但在任何成功的社会或政治革命中，发起者不可避免地会失去对这两个过程的控制。杰斐逊也不例外。不过，他相信国家图书馆会屹立不倒。

杰斐逊比他自己想的要活得长久，而他的理性主义和本土理想主义经历了起伏。他在 1826 年去世，此时距他起草独立宣言已有 50 年，在这半个世纪中，他见证了美国的发展，而这种发展完全背离了他的期望和计划。他设想的是一个广袤土地之上的农业国家，而他所见证的是移民的不断涌入、制造业的增长和城市的蓬勃发展。他想要摆脱理想破灭的痛苦，于是从当下退出，投身于乌托邦的渴望，他可以在自己的乌托邦里想象和平和谐的未来。和他长寿的同僚亚当斯一样，杰斐逊非常关心历史会如何记录他，因为他曾设想了一个伟大的国度，而他在建立这个国度的过程中发挥了重要作用。当杰斐逊和亚当斯活到 80 多岁的时候，他们开始担心历史会忘记他

① 引自杰斐逊在 1789 年 9 月 6 日写给詹姆斯·麦迪逊的信件。

们做过的事情，或者更糟，人们会完全把他们忘记。似乎他们过于担心未来美国会迷失在怀旧和乌托邦未来主义的空洞争执中，忘记历史的朴素事实，忘记他们为后代留下来的有用经验。

因此杰斐逊的图书馆是最后的救赎。他的藏书在 1815 年从蒙蒂塞洛庄园运到华盛顿，就在几周后，杰斐逊看着他空空如也的书架，写信给亚当斯："我不能没有书，不过未来我可能会收藏一些仅供娱乐的书，而不是实用的书。"[①] 他已经履行完了作为公务人员的职责，如今只想作为一名普通公民享受生活的乐趣。于是，他没有了藏书，也摆脱了债务，作为一名书痴进入新的篇章，开始建设他的最后一座图书馆。

就在他把自己的图书馆卖给国会后，杰斐逊就开始设计这个为他退休而非工作准备的图书馆。尽管杰斐逊向他的革命战友祖露，他对未来的梦想感到更加满足，但他对另一位朋友写道："比起现在的事情，我对两三千年前的历史更感兴趣。"[②] 所以，他的第三座图书馆和蒙田的藏书室一样，主要收藏古典文学，尤其是希腊文和拉丁文的历史。他的家人可以证明，在他退休后，这些书经常伴他左右。与此同时，他忙于把他的图书馆转移到他在夏洛茨维尔创建的弗吉尼亚大学。同以前一样，鉴于对收藏的热情和对未来的梦想，他考虑建立一个连贯的综合性收藏，为这个新生的共和国的公民构建一

① 引自杰斐逊在 1816 年 6 月 10 日写给约翰·亚当斯的信件。
② 引自杰斐逊在 1819 年 1 月 12 日写给纳撒尼尔·梅肯（Nathaniel Macon）的信件。

个课程体系。杰斐逊为大学设计了一个穹顶建筑，据说他还列出了一份藏书书单，认为这些书应该放在这座建筑中。据他估计，这些书共有 6 680 册，售价 24 076 美元。

1826 年托马斯·杰斐逊去世时，他的图书馆里有两千多本书。这些书被送到夏洛茨维尔附近的大学。但他最终还是缺乏远见，他的继承人被迫卖掉他的书来还债。弗吉尼亚大学没有收到这笔遗赠，而是收到了他的孙子写来的一封窘迫的信，遗嘱执行人解释说，这些书连同其他动产（包括奴隶）都将归债权人所有。

但是杰斐逊对图书馆的设想非常具有生命力。在一个赞赏保护私人财产而非强调公共物品的国家（在意识形态上也是如此），美国的图书馆成了共同追求自我完善的圣殿，是伟大的公共精神花园。它们服务于个人、社区或社会，作为一个中心聚集地，在那里你可以找到文明的所有成果，这是经过几代人精心培育的精神收获。就像杰斐逊设想的一样，每一座伟大的图书馆都有它自己的独特之处，包含了所有那些让人惊讶、高兴、反感或感到有趣的东西。因为它们见证了人类的基本特质及趣味。一座伟大的图书馆总是包含着人类已经丢失的思想和创造力，这些都是在数代人以前创造出来的，是在已经消失的社会中保存下来的。所有这些人类劳动和想象力的成果都值得关注和保存，因为正如杰斐逊所说，在民主社会中，没有任何一门学科的知识是我们不需要的。

托马斯·杰斐逊给了美国人一个理想，那就是建立一个统一的收藏体系，其中必须包括那些独特的、古怪的、不墨守成规的人，美国人喜欢把社会中的"激进分子"视为创新和进步的推动者。杰斐逊和他的同僚们也让我们认识到，自由获取信息是自治的唯一保障。

时代英雄杰斐逊

　　开国元勋们规定国家要保障公民获取信息。后来的几代人通过建立公共资助的机构来支持这一使命，为后人提供获取信息的途径。政府没有给学校和图书馆承担全部财政责任，而它在国会的继任者制定了财政激励措施，鼓励私人团体给学校和图书馆提供支持。此外，他们还规定，这些机构应致力于公共利益，并享有政治自治，受政府的保护和公众的支持。正如杰斐逊所知，私人收藏是我们集体记忆的先锋，但它们的价值只有在进入公共领域后才能实现。

　　尽管图书馆长期资金短缺，它所树立的形象也难以吸引捐赠和公众支持，但图书馆的使命是保持低调，即使因此而显得单调乏味。图书馆需要使自己不受个人喜好的影响，不受政治权宜之计的影响。正如丹尼尔·卡尼曼（Daniel Kahneman）所指出的，机构对于那些必须长期存在的职能来说非常重要。[1]文化机构的职能就是让我们慢下来，增加思想在流动中的摩擦，从转瞬即逝的瞬间中开辟出一个思考的空间。但由于他们行动缓慢，总是盯着更长远的方向，这些文化机构可能会错过近在眼前的现实。

---

[1] Kahneman, *Thinking*, 417–418.

这就是为什么收藏家在信息生态系统中如此重要。当下的行动越迅速，它们就变得越有价值。从历史上看，收藏家保存了许多文物，一直是保护我们的文化遗产免受损失的第一道防线。他们代我们收集和管理知识的实物制品。尽管个人收藏家的动机可能不同，有人是出于求知欲，而有人是出于个人虚荣心，但伟大的收藏家都有一些更大的目标，他们希望实现这些目标，并为此投入了大量的时间和财富。正是他们丰富了记忆的战略储备，拯救了各种灭绝文化的化石，确保了人类的集体记忆不会成为一种单一的文化。收藏家是时代的英雄，他们将个人的热情与公共目标结合在一起，预见到有些有价值的东西只能在今天收集和保存。

在 19 世纪，由于图书馆开始承担公共目的并得到公众支持，个人收藏家和政治社会之间的关系发生了不可逆转的变化。为当地居民服务的公共图书馆的范围和价值都在扩大，安德鲁·卡内基这些富人返还给社会一部分财务，为公众修建了几座图书馆。与此同时，图书馆从未失去作为私人庇护所的功用，就像蒙田的藏书室一样。即使在如今这个时代，有大量大型公共图书馆和更大更容易访问的互联网图书馆，在我们的想象中，图书馆仍然是一个私人空间。每个人都在其一生中建立自己的图书馆，收集所有我们无法割舍的信息、知识、音乐和艺术。无论它们的形式如何，无论我们把它们放在什么地方——纸上或电脑上、书架上或云端——它们都是我们自己的东西，我们可以随心所欲地使用和控制它们。令人沮丧和恐惧的是，入侵互联网私人空间非常容易，我们对发布在网上的自己的信息只有有限的控制力。

托马斯·杰斐逊向我们展示了一个图书馆的愿景，这个愿景雄心勃勃，即使不是字面意义上的规模宏大，也是全面的，并且有组织地供我们使用。当网络原住民上网时，他们希望找到一个知识的普遍集合，而当时还不存在。谷歌创始人谢尔盖·布林和拉里·佩奇（后者是一位图书管理员的儿子）立志"组织全世界的信息"。科技企业家布鲁斯特·卡尔（Brewster Kahle）创建了互联网档案馆，以确保"所有知识都能被普遍获取"。数十家公共和私人图书馆共同建设了美国数字公共图书馆，旨在成为全美图书馆集体的虚拟大门。欧洲数字图书馆更是雄心勃勃，由两千多家机构提供了书籍、手稿、档案、电影、绘画和雕塑的数字扫描，致力于扩展人们接触欧洲文化的机会。在启蒙运动之前，想拥有获取思想的权利是不切实际的，更不用说想获取全面的知识了，而现如今这只是一个再正常不过的愿望。

1851 年的圣诞节前夜，也就是杰斐逊去世 25 年后，大火再次摧毁了国会图书馆。超过 3.5 万卷书被毁，其中包括原来属于杰斐逊的 6 487 卷藏书中的三分之二。第二年国会大厦图书馆用铸铁重建了图书馆。在版权局搬进国会图书馆后的 20 年里，不断增加的书籍、期刊、乐谱和其他记录美国人民创造力的资料已经将书架压得不堪重负。图书馆的藏书达到了前所未有的规模，最终在国会山上建造三座巨大的大厦才装下全部馆藏，还有一些收藏品存放在马里兰州和宾夕法尼亚州的二级仓库里。2007 年，图书馆开设了一个全新的视听收藏中心，收录了最丰富的只能短暂保存的记录。美国联邦储备委员会的一个安全性非常高的储藏库在冷战后退役，被改造成一个收藏中心，收藏了 110 多万部电影、电视、视频，以及 350 万段录音。国会图书馆帕卡德校区是一个主要保存试视听材料的机构，它设在弗吉尼亚州北部的一个小镇卡尔佩珀，就在去蒙蒂塞洛庄园的路上。

第二部分 ——

我们身在何处

在洛斯阿拉莫斯国家实验室，我遇到了很多物理学家和其他"自然"科学家，并且主要和理论家交往，当然我不是故意只选择理论家。看到黑板上或纸上的几笔涂鸦就能改变人类进程，总让我惊喜异常。

——斯塔尼斯拉夫·乌拉姆（Stanislaw Ulam），《一位数学家的经历》（*Adventures of A Mathematician*）序言，1976 年

第 6 章

世界记录下了一切

思在物中。

——威廉·卡洛斯·威廉斯（William Carlos Williams），"巨人的轮廓"（The Delineaments of the Giants），选自《帕特森》（Paterson）

杰斐逊于 1809 年退休，他在给一位朋友的信中写道："大自然有意让我平静地追求科学，使之成为我最大的乐趣。但是，我所生活的时代是如此的残酷无情，时代的暴行迫使我参与到对它们的抵制中来，投身于政治激情的汹涌海洋之中。"[①] 杰斐逊已经预料到，经过革命一代建立共和国的努力，政治热情的浪潮将会退去。科学和知识的进步将确保政治稳定和经济繁荣。但是杰斐逊认为对知识

[①] "再过几天，我就会退休，回归我的家庭、我的书籍和我的农场……从没有人像我这样，在摆脱权力的枷锁时感到如此的轻松，就像一个囚犯从枷锁中解脱。" 1809 年 3 月 2 日，杰斐逊在给皮埃尔·塞缪尔·杜邦·德·内穆尔的信中写道。

的追求可以阻止人们互相为敌，这种信念在实践检验中被证明是错误的。

他在写这封信的两周前，查尔斯·达尔文和亚伯拉罕·林肯刚刚出生。（两人都出生于1809年2月12日。）在仅仅50年的时间里，"时代的暴行"并没有减少。相反，争取自由和为所有人谋求幸福的斗争使这个国家处于内战的边缘。1859年，林肯参加了总统竞选，为了一个无悔的目标开启了自己的政治远航。

1859年，科学非但没有平静地追求真理，反而进入了一个重要的难以驾驭的繁荣时期，持续地改变着所有人的日常生活。达尔文花了几十年时间安静地研究藤壶和鸽子的繁殖，他匆忙地将《物种起源》付梓。他充分意识到，对于理解人类起源，进化论将产生灾难性影响，并且他自己也在为接受进化论而深感焦虑，因此他一直拖延自己的理论写作。直到有一天，他听说自己要被人抢先了。一位比他小14岁的无名科学家阿尔弗雷德·拉塞尔·华莱士（Alfred Russel Wallace）得出了同样的结论，并试图发表这一发现。结果，他们共同发表了一篇开创性的论文，向全世界宣布了进化论。达尔文进而在《物种起源》一书中写下了自己的观点。此书一经出版，对知识本身的科学追求变得更加激情澎湃。

在1826年杰斐逊离世后的几十年里，一门牢牢扎根于唯物主义基石的新科学取代了自然哲学和自然史，成为理解世界的规范方法。正如一位历史学家所指出的：

"科学"一词 ①（源于拉丁语 scientia，意思是知识或智慧），意指构成知识的任一部分，这里的知识是指必然的普遍真理，而调查自然中存在的事物以及自然界的因果结构的学问分别被称为"自然史"和"自然哲学"。

这两个领域明显不同，哲学家声称比历史学家更有学术威望。19 世纪，这两个领域融合在一起，人们发现如果描绘不出任何潜在的物质原因，就不可能理解任何物质现象或效果。

如今我们身处的这个技术先进、数据丰富的世界，都是由 19 世纪的一项重要发现发展而来的：宇宙是在遥远的时间诞生的，无限延伸到遥远的空间，并在物质中留下了自己的历史记录。物质宇宙本身就是一个档案，地球在物质中写下了自己的自传。

实证科学的发现引发了一场关于自然和人性的思想革命，这场革命是永久性的，至今仍在继续。构成物质效果的定义已扩大到包括所有自然状态和精神状态。在 17 世纪开始的科学革命中，科学家揭开了诸如闪电和磁场等自然事件的神秘面纱，人们开始看到，自然是按照人类理性可以理解的规律运行的。他们越来越多地接受并最终倾向于这些解释，而不再是他们惯常遵从的天意和超自然力量。这些想法支撑着我们今天所有的技术，从飞机到 X 光射线机。无论我们的哲学取向或宗教取向如何，这些思想已经融入我们的文化，

---

① Shapin, *The Scientific Revolution*, 5–6, n3.

一方面是因为政治、军事和经济上的原因，另一方面是因为它们在知识上的说服力。

我们现在不再把进化论的发现看作一种天才的行为，而是把它看作一个时间问题，一旦博物学家开始相信世界是非常古老的，物质是记忆的一种形式，发现进化论就是个时间问题。他们会坚定地抛弃原来的观念——我们的自然知识体系包括《圣经》和先知所揭示的一系列真理。相反，他们开始相信自己的观察和推理。在他们的眼中，世界本身就充满了知识的线索，都隐藏在眼前广阔的景观中。当某些好奇的博物学家走到野外，仔细观察脚下的土地，这种知觉上的转变就已经开始在知识阶层扎根，只是这个过程悄无声息、不为人所知。18世纪晚期，随着工业时代的到来，采矿工程师们在宁静的土地上开凿运河，将原材料运往生产地，将制成品运往商业中心。在这个过程中，埋在土壤下面的岩层露出了明显的分层。通过对新暴露地形的仔细观察，博物学家得出了一个令人震惊的结论：岩石和嵌在其中的化石生命形式可以追溯到地球的形成时期。这里面肯定有问题。他们推断，错误的是以往被公认的知识，而非岩石。

我们现在理所当然地认为我们的星球有45亿年的历史，而宇宙大约有137.5亿年。我们认为未来会在数十亿年里逐渐展现，通往一个不确定的命运——可能是缓慢而冰冷的终结，也可能是迅速而猛烈的聚爆，成为另一个宇宙的萌芽。无论结果如何，到那时，我们早已不复存在。

但在200年前，这些数字和观念是荒谬的。当时的普遍观点认为世界诞生的日期是创世纪中所说的创世日，而它终结的日期即基督的第二次降临（这个日期尚未确定）。1650 年，爱尔兰的大主教厄谢尔（1581—1656 年）发表了一份历史年表，用精确的数学方法证明了世界是在公元前 4004 年被创造的。他的计算方法基于对旧约严格细致的研究，因此被广泛认可。这份年表很好地符合了人们对历史的普遍看法，即历史是一种神圣的叙述，有目的地从一种有意的开端走向一种承诺的实现。简而言之，这是一种目的论。像他的许多同行一样，杰斐逊赞同厄谢尔的时间框架。他为自己拥有乳齿象的骨头而自豪，但他不认为它们是化石，他拒绝接受物种会灭绝的观点。[1]

在杰斐逊的时代，"科学"指的是对所有学科——从岩石的起源和闪电的性质到政治经济学和荷马诗学——进行的理性探索和系统知识。科学是"行动中的理性"[2]，被誉为解放和拓展人类精神的力量。正如杰斐逊所写："自由是科学的第一个女儿。"[3] 美国哲学协会由本杰明·富兰克林在 1743 年创立，旨在"促进有用的知识""增加知识的积累"，以及让"所有揭示事物本质的哲学实验增强人的力量，增加生活的便捷和乐趣"。[4] 华盛顿、亚当斯、杰斐逊和许多其

---

[1] Martin, *Thomas Jefferson*, 96–114; and Thomson, *Jefferson's Shadow*, 86–97.
[2] "在一个崇尚理性的时代，科学被视为人类理性在行动中的智力表现。"见 Cohen, *Science and the Founding Fathers*, 60。
[3] 引自杰斐逊在 1795 年 2 月 6 日写给弗朗索瓦·艾佛诺瓦（François D'Ivernois）的信件。
[4] Lyons, *The Society for Useful Knowledge*.

他政治人物都是美国哲学协会的成员，杰斐逊于 1797 年成为协会会长，同年成为美国副总统。正如他的政治对手喜欢指出的那样，杰斐逊履行美国哲学协会会长的职责与他履行副总统的职责一样尽职。直到 1814 年，他一直担任美国哲学协会会长一职，期间他从美国副总统成为美国总统，直到 70 多岁他才卸任会长职务。

正如杰斐逊写给哈佛大学校长的信中所说的，他们这一代人"用生命中的大好时光为年轻人争取到了宝贵的自由。让他们能够自由地享有大好时光，这是产生科学和美德的源头；一个国家拥有了科学和美德必将成就伟大"①。杰斐逊把追求知识作为国家政策和国防的一件大事。"科学对于维护我们的共和政府非常重要，对于保护它免受外国势力的侵犯是必不可少的。"②他把知识的增长与自由的扩展联系在一起，也与美国经济增长、人口增加和政治领土扩张联系在一起。杰斐逊利用他的政治职务扩张了共和国的疆界，而且也扩展了关于这个大陆和世界其他地区的知识。他委托雄心勃勃的地理和科学探索，并对收藏来自遥远大陆的手工艺品、标本、地图和文献提供赞助。他一拿到购买路易斯安那州的合同，就马上派刘易斯和克拉克去调查那里有什么（以及绘制地图，确定国界线）。在他入主白宫期间，东厅里摆满了他的古生物学收藏。当他讨论新大陆动植物的特征时，他会向访客们展示这些藏品，并特别注意与旧大陆比较

---

① 1789 年 3 月 24 日，在攻占巴士底狱发生前几个月，杰斐逊在巴黎给哈佛大学校长约瑟夫·威拉德（Joseph Willard）写的一封信。

② Martin，*Thomas Jefferson*，56.

这些东西的大小。访客们怀着敬畏的心情观看那些奇异的美国动物标本，这让他们眼花缭乱。灰熊和土拨鼠是刘易斯和克拉克探险队的纪念品，它们装点着新建成的白宫草坪，让前来参观的访客感到惊奇。

给思想分类

即使在杰斐逊担任总统期间，理性时代也很快让位于物质时代。在物质时代，以证据为基础的经验主义科学取代了自然哲学和自然史。这种转变体现在杰弗逊知识理论的演变中，生动地记录在他的信件和书籍目录中，就像核磁共振成像，记录了他的知识向唯物主义的迁移。杰斐逊是一个非凡的人，他对唯物主义的拥护在当时非常非常重要。他按照弗朗西斯·培根（1561—1626 年）的做法来组织他的图书馆，培根是他的偶像之一。[1] 法国的开明哲人在系统化所有知识的过程中也采用了同样的组织体系，并发表在多卷的百科全书中。

培根在 1605 年出版的《学术的进展》中对学术的分类进行了阐述，他写道：“人的理性能力分为记忆、想象、理性三种，科学则相应地分为历史、诗歌与哲学三种。”培根根据这三种基本的精神状态来描绘知识的内部图景，这三种精神状态是产生理性的基本特

---

[1]　1789 年 2 月 15 日，杰斐逊在给约翰·特朗布尔（John Trumbull）的一封信中表示，他认为弗朗西斯·培根是有史以来最伟大的三个人之一，其他两位是艾萨克·牛顿和约翰·洛克。培根的方案为后来的几代人所熟知，狄德罗在他的《百科全书》（*Encyclopédie méthodique*）中采纳了培根的方案。这一人类知识体系的示意图出现在《百科全书》第一卷的卷首，这本书被托马斯·杰斐逊翻阅了很多遍。

征。(如今我们又用另一种观念取代了这种理解，即我们的思维来自大脑的生理特征，而记忆、理性和想象是大脑的自然现象。)1815年，杰斐逊为他卖给国会的书编制目录时，首先解释了他的图书编目法则：

> 书籍可以根据其所运用的思维能力来分类：记忆、理性、想象。相应地，将书籍分为：历史、哲学、美术。

他的书就这样收藏于蒙蒂塞洛庄园，此后几十年间国会图书馆也以同样的分类法则收藏书籍。

但是在杰斐逊把这些书运走并开始建设他的第三个小规模图书馆之后，他又继续研究和完善他的知识分类。1824年，他写信给一位朋友这样说：

> 培根勋爵首次对那些被认定为是科学的思维能力进行了划分。但是似乎没有人注意到这一划分的根源却不是他。这种划分是皮埃尔·沙朗（Pierre Charron）20 多年前在他的《论智慧》（de la Sagesse）一书中提出的，并试图将科学归属于这些各自的体系。这本优秀的著作出版于 1600 年。据说培根勋爵直到 1621 年从公职上退休后才开始从事写作。

请注意杰斐逊是如何精确地确定哪位作者先出版的，他的信带有研究生的那种狂热的学究气。皮埃尔·沙朗（1541—1603 年）是蒙田的同时代人，也是蒙田的崇拜者，他的分类取自他所设想的大脑解剖结构，尤其是脑室，他认为灵魂就在脑室里。因此，潮湿的气质产生记忆，干燥的气质产生智慧，炎热的气质产生想象。

随着杰斐逊年龄的增长，他开始把人类看作归化了的生物，与其他高等动物在本质上没有什么不同。在图书馆目录的初稿中，可以看到 1783 年杰斐逊 40 岁时的编辑痕迹，他在道德哲学（伦理学的一部分）条目下写了一条笔记："在给一个小图书馆分类时，你可以把一些书放在这个标题下，这些书试图对思维的自然史或思维活动进行分析。形而上学的术语和划分没有任何意义，也超出了我们的能力范围，或者应该用另一个名字来称呼。"

杰斐逊的观点随着时间发生不断的变化，于是他将更多的书籍重新分配到记忆或历史分类中，而理性或法律类别的书籍则逐渐减少。在他 81 岁生日前不久，杰斐逊给伍德沃德写了一封信，感谢他给自己寄来的分类方案。他说，他现在更喜欢伍德沃德的分类方法，按照科学的类型进行分类，而不是按照思维能力。[①] 因为伍德沃德的方案更多的是基于物质，而不是思想，是基于人类的外部世界，而不是内部世界。（这就是在美国使用最广泛的两种分类法，杜威十进分类法和美国国会图书馆分类法。）在很长一段时间里，杰斐逊一直把耶稣视为伟大的道德导师，而不是上帝或上帝的儿子。现在他意

---

① 杰斐逊在 1824 年 3 月 24 日写给 A. B. 伍德沃德（A. B. Woodward）的信件。

识到，这位伟大的道德导师也是一位唯物主义者，明证就是耶稣非
常重视肉体的复活：

> 如果要重组我对科学的分类，我肯定会改变其中一些具体
> 的分类。博物学家把自然史分为三个部分：动物学、植物学、
> 矿物学。然而，意识形态或思想在科学领域占据了如此多的空
> 间，我们可能要将它归入第四部分。但是，既然它只是动物构
> 造的一部分，那么把动物学进一步划分为物质和道德范畴就更
> 为恰当。在我的分类中，后者一般包括意识形态、伦理学和心
> 智科学，并且把伦理学和宗教视为法律（以及人的管理）的补
> 充。我是这样分类的，但可以肯定的是，思维能力属于动物史，
> 是动物史的重要组成部分，动物史应该给它留有位置。

杰斐逊认为记忆或历史的分类包含了自然界内在的所有事物和
自然过程的结果。岩石、河流、宗教以及拉丁语中离格的使用都被
视为历史现象。早在达尔文提出所有生命都有一个共同祖先和共有
本性的理论之前，杰斐逊等人就提出，记忆或历史这个类别包括一
切偶然的东西，一切受时间和地点制约的东西，一切被解释为历史
力量的产物的东西。哲学本身在杰斐逊设想的分类中被重新定义为
人类思维的另一个产物，它本身是偶然的、历史的，而不是普遍的，
也不是像数学和自然法则一样的规则。

在杰斐逊时代，"唯物主义"一词与卡尔·马克思和辩证唯物主

真理神圣不可否认，还是真理不言而喻？

《独立宣言》初稿，由托马斯·杰斐逊起草，本杰明·富兰克林、约翰·亚当斯修订。

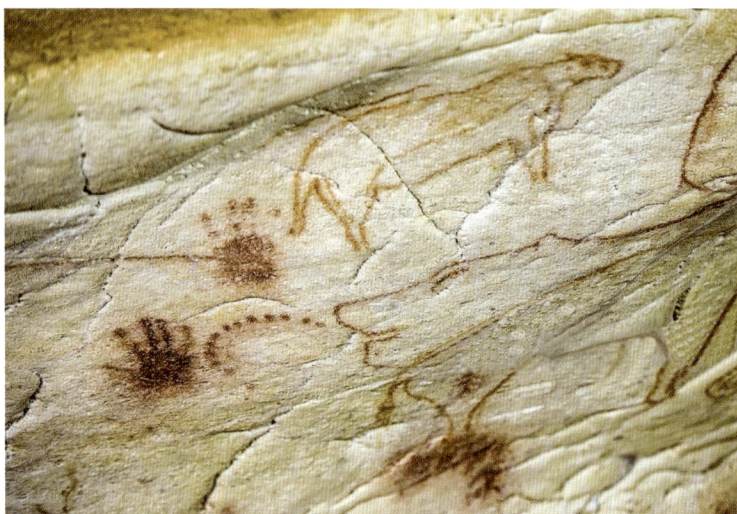

旧石器时代的壁画，位于法国东南部的肖维岩洞。约 3 万年前，人类在这些壁画上留下了赭石红的手印。

" 'Lord save us!' cried the duck. 'How does it make up its mind?' "

双头骆马，出自休·洛夫廷（Hugh Lofting）的《怪医杜立德》，它有两个头，但是当这两个头意见不合时，它无法做出行动，也无法直线前进。

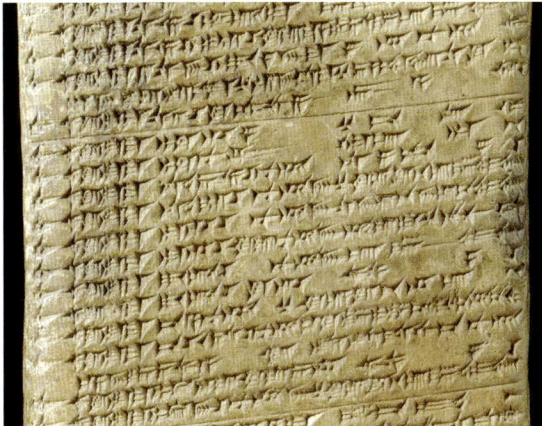

公元前 7 世纪的楔形文字泥板，记载了将人和动物的天生缺陷解释为神圣的预兆。

新技术模仿旧形式：左侧为《美因茨大圣经》，右侧是古登堡印刷的第一本《圣经》，印刷品在模仿手抄本。

BOOKS may be classed according to the faculties of the mind employed on them : these are—
I. MEMORY.   II. REASON.   III. IMAGINATION.
Which are applied respectively to—
I. HISTORY.   II. PHILOSOPHY.   III. FINE ARTS.

						Chapt.
		Civil	Civil Proper	Ancient	Ancient History	1
				Modern	Foreign	2
					British	3
					American	4
			Ecclesiastical		Ecclesiastical	5
I. HISTORY					Natural Philosophy	6
			Physics		Agriculture	7
		Natural			Chemistry	8
					Surgery	9
			Nat. Hist. Proper		Medicine	10
				Animals	Anatomy	11
					Zoology	12
				Vegetables	Botany	13
				Minerals	Mineralogy	14
			Occupations of Men		Technical Arts	15
			Ethics		Moral Philosophy	16
					L. of Nature & Nations	17
		Moral		Religious	Religion	18
			Jurisprudence		Common Law	19
				Municipal	Domestic	Law Merchant	20
						Law Maritime	21
						Law Ecclesiastical	22
II. PHILOSOPHY					Foreign	Foreign Law	23
				Oeconomical		Politics	24
						Commerce	25
			Pure		Arithmetic	26
					Geometry	27
		Mathematical			Mechanics	
					Statics	
					Dynamics	
			Physics-Mathematical		Pneumatics	27
					Phonics	
					Optics	
					Astronomy	28
					Geography	29
			Architecture		Architecture	30
			Gardening		Gardening	
			Painting		Painting	31
			Sculpture		Sculpture	
			Music		Music	32
					Epic	33
					Romance	34
III. FINE ARTS			Poetry		Odes	35
					Elegies	36
					Didactic	37
					Tragedy	38
					Comedy	
					Dialogue	39
					Epistles	
			Oratory		Logic	40
					Rhetoric	
					Orations	41
			Criticism		Theory	42
					Bibliography	43
					Languages	44
		Authors who have written on various branches			Polygraphical	45

Jefferson's classification scheme as printed in the 1815 Catalogue.

　　托马斯·杰斐逊的图书编目法则：杰斐逊在 1815 年将自己的藏书出售给国会时的分类法则，200 年后，国会图书馆拥有各种介质的藏品超过 1.6 亿件。

　　阅读作为启蒙：巴黎的圣珍妮维叶芙大教堂（1838—1850年）。为了引入自然光，避免火灾，亨利·拉布鲁斯特（Henri Labrouste）在阅览室采用了新式铸铁，这样一来，数百位学生就可以同时坐在阅览室学习知识了。

　　蒙田，印刷时代的早期原住民，他创造了一种新的文体"随笔"，作为知识的工具。他在一生中不断地修订自己的随笔。

　　分散注意力障碍：心理学家卢里亚记录了 S 的故事。S 能够记住所有事情，却不具备"忘记的艺术"，于是他感到自己的生活"发生在梦中，而不是现实中"。

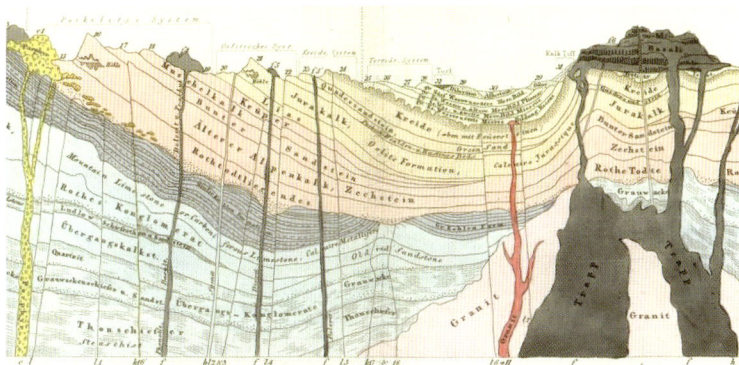

时间的片段：1841年的一幅地质图显示了数百万年来动态的巨大力量塑造了大地，这是一幅制作精良的手刻版画。

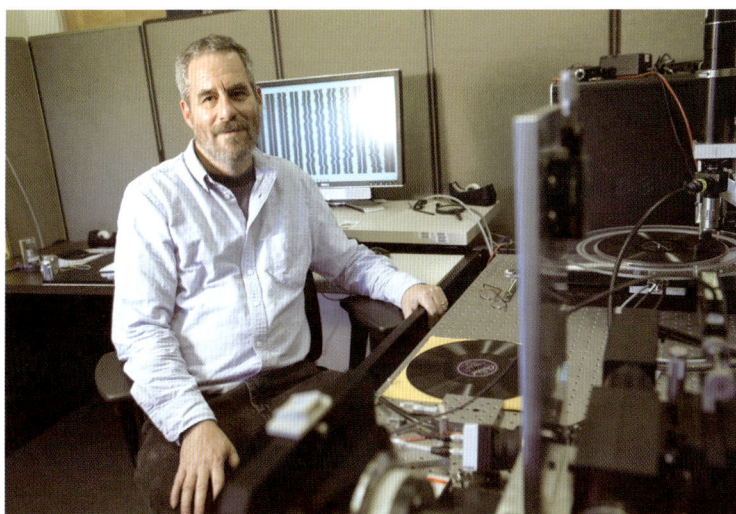

声音的图像：实验物理学家卡尔·哈伯用设备绘制亚原子粒子的轨迹，这是挽救那些脆弱介质上的声音记录的技术基础。

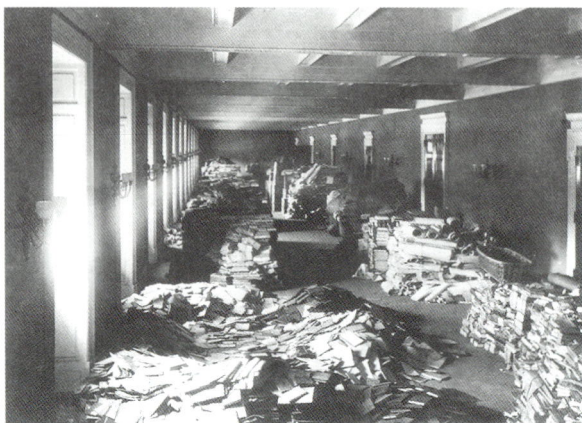

1897 年国会图书馆搬迁新址时的走廊。新的国会大厦非常壮观，有一个街区那么大，而国会图书馆在接下来的 20 年内继续扩大。

数字记忆长什么样？

布鲁斯特·卡尔和互联网档案馆的一堆机器可读的数字数据，包括图书、音频、视频，他们都存储在同一个设备里。

义的概念还没有任何关系，也没有庸俗的追求奢侈品或非必要的物质物品的内涵（这些东西有取悦、纵容、提供地位或提供心理安慰的力量）。将世界完全等同于自然，加深了杰斐逊的一种感觉，即通过理性可以理解世界，尽管他哀叹理性本身是历史的副产品，科学无法对其进行研究：

> 形而上学已经和伦理学结合在一起了，并对它们进行了一些扩展。因为，虽然对思维活动给予一些关注可能是有益的，但是对一种不服从我们感官的能力进行长时间的研究，没有什么意义，也不值得我们浪费时间。[①]

杰斐逊和他的同伴们相信，对自然世界的好奇心能够对这个星球、星球上的居民、整个系统和运行原理达到全面和一致的看法，这是杰斐逊的朋友、早期生态学家亚历山大·冯·洪堡在他的《宇宙》（*Kosmos*）中提出的观点。他们相信，科学将带来知识的大统一，而不是分裂。科学将培养一种更大的幸福感和崇高的精神，而不是一种困惑、迷失、涣散的感觉，更不是对奢侈的追逐。

理性不管用时，我们依靠经验

对于蒙田来说，当理性找不到答案时，经验就会发挥作用。今

---

① 引自《弗吉尼亚大学图书馆藏书目录》的序言，发表于 1895 年 11 月 8 日《弗吉尼亚大学校友公报》。

天，在我们的经验世界里，如果我们想要理解一个问题，我们依靠经验，看证据，然后用理性来理解它。从杰斐逊的时代开始，博物学家接受了这种经验主义的观点，他们在岩石上挖掘出一些不明生物的化石，在当时流行的宇宙学时间框架里，他们很难理解这些确凿的化石证据。他们进而认识到岩石就像时钟一样，于是地质学家使用化石和岩石作为历史时期的分界线，这些历史时期即使不是绝对的，也可能是相互追溯的。

自从 17 世纪以来，人们就对地球真正的年龄提出疑问。但是，一直到地质学家对人类诞生的时期（时间可以追溯到几亿年前）日益达成共识，这些问题才被逐渐重视。苏格兰地质学家查尔斯·莱伊尔（Charles Lyell）在 19 世纪 30 年代出版的《地质学原理》（*Principles of Geology*）一书中也提到了这一点。1831 年，年轻的查尔斯·达尔文乘坐英国皇家海军"贝格尔"号进行了为期两年的航行。达尔文在他的游记《"贝格尔"号航海日志》（*The voyage of the Beagle*）中经常提到莱伊尔和其他地质学家，试图解开他所遇到的各种谜团。是什么导致了南美土著马的灭绝？为什么在安第斯山脉有贝壳化石？他看到证据缓慢且不可阻挡地显示出来，每一个证据都表明世界是在漫长的时光中形成的，并且在不断地变化着，使世界形成的法则至今仍在发挥作用，塑造未来。过去的已经成为序幕。如果我们学会如何解读刻在石头、年轮、冰核和化石上的过去，我们就会了解未来。正是唯物主义中固有的预测能力吸引了公众和科学家的注意力。

过去是序幕，这是一个非常古老的观念。许多希腊人认为物质是记忆的一种形式，它不仅包含过去的信息，而且还包含未来的信息。海神普罗透斯和记忆之神摩涅莫辛涅作为希腊神话人物代表着物质和记忆的动态力量，同时存在于我们可以感知的世俗世界和我们无法感知但同样真实的超现实世界。欧洲人重拾希腊人的观点，认为物质在储存信息中是基础和活跃的力量，最早认可这一观点的人包括弗朗西斯·培根，他是经验主义科学强有力的倡导者。他被海神普罗透斯的故事迷住了，培根在《论古人的智慧》一书中写道，普罗透斯是"永不说谎的海洋老人"，他"探索海洋的深处"，知道过去、现在和未来的事。但是，这位什么都知道的海中老人却什么也不说，除非有人能够抓住他，迫使他说话。他会使把戏，会变形，就像水能够变成冰也能变成水蒸气，他可以变成任何一种形态。他像风一样难以捉摸，像火一样难以把握：

> 在普罗透斯成为先知的传说中，他知道过去、现在和未来的事情，这非常符合物质的本质。一个了解物质的性质、变化和过程的人，必然了解无质的影响，比如它有什么作用、造成过什么、能做什么，尽管他的知识并不能包含物质的全部细节。

发现"深时"

培根虽然很想知道理解物质的易变性会带来怎样的影响，但他并没有探讨地球的年龄问题。18 世纪末和 19 世纪初的地质学家们都需要追溯地球的年龄，以便印证他们发现的证据。他们发现了"深时"（deep time），它是人类诞生甚至生命诞生前的数百万年甚至数亿年，但并不是宇宙最终确定的诞生日期。地球的年龄仍然是一个有争议的问题，随着更多关于宇宙"婴儿期"的证据浮出水面，这个问题也在不断修正。关键是它打乱了原来那个不可更改的神圣年表，从而改变了我们理解创世过程的方式。对科学家来说，"深时"非常丰富，它允许各种各样随机的小改变聚积起来，累加成完全不同的东西，即量变到质变。

事后看来，达尔文认为人类是从灵长类进化而来的这一观点带来了很大的精神创伤。这样的观点令人不安（对一些人来说仍是如此），而唯物主义对人类心灵的真正重大影响，是我们对物质世界的大小、规模和复杂性的认识。随着我们认识的宇宙越来越大，我们自己变得越来越渺小。

威廉·詹姆斯指出："科学所认识的上帝必须是唯一具有普遍法则的上帝，是从事'批发业务'的上帝，而不是'零售业务'的上帝。他不能为适应个人的方便改变进程。"[1] 为了换取我们用新科学获得的对自然的卓越权力，我们失去的不仅仅是一个知道我们名字、关心我们个人命运的上帝。我们失去了对这个世界的弊病负责的人。我们不能把世间的邪恶归咎于造物主。我们也不可能从一个全能的存在那里获得帮助来应对我们的不幸。我们不能把瘟疫和干旱怪罪于上帝的愤怒。我们也不能把健康和好收成归功于他的仁慈。这对

---

[1] James, *The Varieties of Religious Experience*, 536.

我们的集体记忆产生了严重的影响，因为唯物主义使我们失去了从超自然角度获取知识的渠道。我们不相信启示的真理和超自然的灵感。这意味着人类积累的专门知识——这些我们用来理解自己和世界的全部知识，即人类的集体记忆——取决于我们的精心管理。如果失去了它们，我们不能通过神的启示重新获得。当我们思考数字存储的未来时，显然它的风险确实很高。尽管我们可能会主观地认为这个世界信息过载，但在我们建立起一套未来可访问的记忆存储系统之前，数字信息存储都存在潜在的风险。

唯物主义的起源

这种唯物主义观点从何而来？从有记载的年代起，唯物主义就有其支持者，但唯物主义成为现代科学的基石是沿袭了基督教神学，是来自对上帝的信仰，即认为上帝无所不在，人类利用上帝赋予的能力，可以在所有造物中领悟他。熟练掌握这种知识所使用的语言是一件神圣的事。这是科学史上许多先驱者都持有的观点，诸如罗杰·培根、伽利略、弗朗西斯·培根、艾萨克·牛顿。于是，由宗教领域的创造所激发的敬畏和惊奇被转移到了科学领域，而上帝却被排除在外。

为唯物主义科学确定原理和方法的科学家很多都信仰宗教。他们认为宗教和有关地球年龄的知识之间没有冲突，因为他们感兴趣的是地球是如何诞生的，以及地球形成和演变的过程。至于谁为什么创造了地球，这个问题不在他们的研究范围之内。他们遵循《圣经》规定的道德律法，而地球本身和所有的造物都是上帝自然律法的圣经，他们认为没有理由把道德律法和自然法置于争夺权威的冲突或竞争之中。但是收集实物证据来证明过去发生的事件却可能会削弱宗教和取代宗教。这样的事例似乎有点矛盾，更奇怪的是，教会批准甚至鼓励这样做，但事实就是这样。

宗教（罗马天主教以及后来的新教）鼓励把研究自然作为一种宗教奉献行为，但这种鼓励却使宗教日渐边缘化，这无疑非常讽刺。美国的缔造者们试图正式分离教会和国家来保护宗教的权威。这并不是要将宗教从公众生活中移除——我们还能在国会中看到例行的祈祷，在联邦和州的就职宣誓中提到上帝——相反，它的目的是让各种不同的信仰蓬勃发展，减少教派内斗对宗教的普遍破坏。毕竟，东海岸已经被来自英国和欧洲大陆的宗教异见者所殖民。政教分离意味着对科学和学问的追求受到保护，摆脱宗教斗争影响。在一个有大量不同且往往是相互竞争的宗教信仰的国家里，把对知识的追求从宗教的监督中解放出来是非常明智的，而且不言而喻，是符合道义的。知识在西方想象中所起的作用首先是宗教然后是公民道德，这种作用在美国得到强化，美国建立了一种保护措施，使知识不受宗派斗争的打击，在杰斐逊去世后的一个世纪中，为科学、工程和信息技术的兴起奠定了基础。

证据与取证

"深时"的发现创造了鉴证科学（forensic imagination），它首先在科学家中得到运用，很快普及到普通大众。在公众心目中，鉴证科学与法律案件和犯罪现场联系在一起，但唯物主义科学认为，需要解释的不仅仅是犯罪现场，还有整个世界。在这个观点中，自然是终极的档案，是关于过去最完整的记录，是宇宙图书馆本身。科学是终极图书证，给充满好奇的人无限的机会。科学调查成为一种侦查形式，而要解决"谁、什么、何时、何地、如何"的谜题，关键是物证。

　　从记忆存储的角度来看，拥护唯物主义的最重要结果是对信息的不知餍足，即使是最小的增量——单个数据点——的信息，也会被储存起来，而且数量越多越好。这种情况是前所未有的。当然，收集证据在裁定纠纷中起到了至关重要的作用。最初的楔形文字就被作为商业证据，是双方或多方订立的公开合约或协议，并由第三方见证。罗马法庭审判也需要证据，召集人们聚在一起，根据对所有人公开的信息来审判案件。英语中的"forensic"一词指法庭和公开证词，它源于"forensic"一词，意为罗马人为处理刑事指控而公开露面的法庭。换句话说，证据是所有人都可以毫无偏见地获得的信息。它不是深奥、主观或特殊的信息。即使不是出现在法庭上的信息，只要它是可靠的、公开的、真实的，而不是虚假的陈述，也具有司法价值。

　　以公开可见的痕迹来判断真相的概念并没有随着罗马帝国的灭亡而消失，只是到 19 世纪才被科学家们重新提出。在此前的几个世纪里，大多数审判都会引入某种形式的证据，比如某一知情人士的证词。书面记录被认为更可靠，因为它们不可更改，比起个人记忆更不容易篡改。但客观的迹象并不总是写在纸上，它们也可以写在身体上。17世纪是牛顿、莱布尼茨、波义耳和笛卡尔等人进行光荣科学革命的时期，也是欧洲及其殖民地进行女巫审判的时期。对真理（自然的真理和内心的真理）的追求都非常重视搜集证据。在女巫审判中，人们会寻找人身体上的记号来判断他们是否是女巫，或者把他们推到水里，等他们淹死则证明他们是无辜的。身体上的记号或不容易溺水，都是公开可见的妖术迹象。当然，我们不应该将这些迹象当作证据，但是证据总是能够给一部分人提供较为公平的参照，以便他们做出判断。而判断的标准是事先已知的，反映了社会对真理的共识。什么才算证据取决于文化，如今我们对证据的定义就反映了这一点。它从3世纪的罗马到17世纪的塞勒姆，一直到今天从未改变过。科学使用证据时区别于其他解释证据系统的地方在于，科学使用证据解释因果关系时拒绝任何超自然或超越人类的因素。

到19世纪30年代，人们对各种数据的需求日益增长，并逐渐形成当今数据密集型的知识模型。尽管我们不清楚到底是在哪个年份哪个年代播下了数据的种子进而形成了当前的信息景观，但我们可以把19世纪30年代看作一个转折点，信息膨胀所需的所有要素在那时都已经做好了准备。我们可以把19世纪30年代称为"金色道钉"（golden spike）①，意指以稀缺为特征的手工信息与技术密集型

———————————

① 金色道钉是"全球界线层型剖面和点位"的俗称，地球地理学家通常用它来确定和区分不同地质时期分界点的地层。

的取证方法之间的分界线。19 世纪 30 年代以前，只有少数人认为地球是古老的，没有人认为人类是进化的产物。但 19 世纪 30 年代，我们看到了两个被历史学家视为新知识领域里程碑的事件：莱伊尔的《地质学原理》的出版，以及达尔文将"深时"融入他的物种起源理论。正如 J. W. 巴罗（J. W. Burrow）所指出的那样，"从 19 世纪 30 年代开始，法国和英国的考古发掘工作积累了大量的证据，包括人工制品和已灭绝动物的遗骸，证明人类的古老历史。经过长时间的怀疑之后，这些证据终于在 19 世纪 50 年代末被接受了"。

发明"科学家"

到 19 世纪 30 年代，科学事业开始了缓慢的转变，从主要是有经济能力的人才能接触的业余追求，向不同经济阶层的男女开放。在这十年里，自然哲学和自然史瓦解，形成了我们现在所知的科学领域，即自然科学。1833 年，自然哲学和自然史的融合，以及围绕询证方法的自然科学的重组促成了"科学家"一词的出现。

尽管今天这个词无处不在，但它在英语世界还是一个很新的词。这个词是由威廉·休厄尔（William Whewell）创造的，他是一位杰出的科学家，召集了英国科学促进会的第三次会议。[①] 这个团体成立的目的是"在帝国的每一个地方推广科学"，并对所有"科学工作者"开放。在发表了一篇颂扬事实与理论、自然史与哲学结合的

---

① Danielson, "Scientist's birth right", 1031. See also *OED*, 1834；Ross, "Scientist：the story of a word", and Snyder, *The Philosophical Breakfast club*, 2–3.

欢迎辞之后，休厄尔受到著名的塞缪尔·泰勒·柯勒律治（Samuel Taylor Coleridge）的公开对质。这位文人极力反对这些双手和鞋上沾着泥土（田野调查的痕迹）的卑微实践者披上哲学家的外衣。那好吧，休厄尔和蔼而精明地赞同了。如果"哲学家"一词对于这些人来说是"过于宽泛和崇高"，那么"类比艺术家"，我们可以把他们称为"科学家"，所指的就是这些研究"物质世界知识的学生"。

直到 19 世纪 60 年代，"科学家"一词才逐渐成为通用语，但仍然很少出现在书面资料中，在当时的美国也是如此。[①]（有很长一段时间，英国人认为这个词是粗俗的美国新词。）这个新词暗示了科学家像艺术家一样，有极其敏锐的观察力，忠实地记录一个人的观察，掌握最低限度的手工技能，能够制作观察工具，建立精确校准的实验，并用图形和文字精确地表达结果。随着该领域的专业化，"科学家"一词越来越多地被使用。虽然这种变化的速度和情况因国家和

---

① 使用 Google Ngram Viewer 搜索"科学家"（不区分大小写）一词会发现，这个词直到 19 世纪 60 年代才开始使用，详见 Snyder, *The Philosophical Breakfast Club*, 297–298。人们反对这个词，认为它是野蛮的。这个词在美国的流行速度更快，正如斯奈德（Snyder）所说，美国人"总是对新事物更开放，事实上，这个词和美国科学家联系得很紧密。直到 1874 年，它在英国的根源已经被人遗忘了，英国语言学协会主席把'科学家'称为'美国人野蛮的三音节词'"。顺便说一句，Ngram Viewer 还处于早期开发阶段。它的谷歌图书数据库包含的书目主要在美国学术图书馆，这是数字世界的一个特殊部分。语料库是大约 750 万本书的文本，占所有出版书籍的 6%；它不包括期刊、报纸或未发表的材料，如手稿、信件等。Ngram Viewer 使用起来很有趣，也很有启发性，但与所有大型数据库的搜索一样，它只能告诉我们所选择的数据知道什么。在这种情况下，至少它告诉我们的是符合历史学家从使用其他方法和来源的研究中推断出来的。见 Natasha Singer, "In a Scoreboard of Words, a Cultural Guide", *New York Times*, December 7, 2013。

阶级的不同而不同，但到 19 世纪 70 年代，自然科学已经发展成为一门成熟的学科，并得到大多数欧洲和英美国家教育体系的支持。

新技术，新数据

鉴证科学需要更多更好的调查手段。人类想要阅读自然"档案"的渴望至今仍在推动着观察、测量、记录、回放、分析、比较和综合信息等相关的新技术发明。从望远镜、显微镜、照相机、X 光机、平版印刷机和计算机中喷涌而出的大量信息不断地加速增长。图书馆、博物馆和档案馆以惊人的速度建成、填满，添加新的存储单元，里面藏满了书和科学期刊、地图和图表、照片和录音、自然标本和化石，以及大量科学战利品（来自人类无数次到世界上更遥远的角落探险，甚至是更遥远的太空探险）。杰斐逊的图书馆中所包含的统一知识体系分裂成大量的专业知识领域，以至于今天的人们几乎无法理解彼此的方法和术语。知识世界分裂了，就像古代大陆分裂成七大洲一样。如同不断运动的板块，知识领域也相互碰撞，分裂成更小的专业领域，每个领域都支持着快速发展的高度多样化的知识形式，并且每年仍在产生越来越多的数据。

此时，信息技术在媒体和数据压缩方面开始了令人眼花缭乱的创新周期。19 世纪 30 年代以前，书籍主要印刷在亚麻和棉布破布纸上，在小型印刷厂生产。到 19 世纪 30 年代，印刷进入大规模机器生产时代，并使用廉价木浆纸印刷书籍。19 世纪 30 年代以前，记录技术受限于纸张、墨水、水彩颜料和油彩。从 19 世纪 30 年代开始，新技术层出不穷：图像捕捉（第一张银版照片拍摄于 1839 年）；录音，爱德华-利昂·斯科特·德·马丁维尔（Édouard-Léon Scott de Martinville）在 1860 年录制了第一个人的声音；托马斯·爱迪生在 1877 年制造出了第一台放音机；还有 X 射线（1895 年由威廉·伦琴发现）。①

在互联网出现之前，传播知识需要进行实物运输。1830 年，第一条城际铁路建成，连通了曼彻斯特和利物浦，这预示着快速陆路运输时代的到来，这条铁路不仅用来运输煤炭粮食，也用来运输书籍杂志。与此同时，非物质的交流方式也在发展。19 世纪 30 年代，圣彼得堡、哥廷根和伦敦等多个地方都发展了电报，19 世纪 70 年代亚历山大·格雷厄姆·贝尔（Alexander Graham Bell）发明了电话。

新信息技术的发展反过来又创造了对新信息技术的基础设施的需求，需要更多的图书馆、档案、博物馆、收藏库、标本库和技术人员来管理我们所拥有的资产。到 19 世纪 30 年代，藏书数量快速增长，图书馆已经完全不同于蒙田或杰斐逊的时代。1836 年，国会图书馆藏书 24 000 册，是 20 年前的 4 倍。但这都不算什么。大英博

---

① 1826 年，法国发明家约瑟夫·尼埃普斯（Joseph Nicephore Niepce）首次采用摄影过程拍摄了第一张照片。19 世纪 60 年代发明的"声波记振仪"，见 www.firstsounds.org/sounds/。1878 年，爱迪生申请了留声机的专利，留声机是一种用锡纸包裹的圆筒，可以对声波进行编码。见 www.aes.org/aeshc/docs/recording.technology.history/notes.html。感谢萨姆·布拉洛斯基（Sam Brylawski）提供的关于录音的参考资料。

物馆（现在的大英图书馆）有 18 万册藏书，圣彼得堡帝国图书馆有
30 万册，梵蒂冈有 40 万册，巴黎皇家图书馆有近 50 万册。

专业图书馆和档案馆的激增反过来又要求一种新的建筑，这种
建筑是专门为特定规模的馆藏和阅览室设计的，可以容纳数百人坐
下来阅读。这些大量的信息要求专业化，在 19 世纪 30 年代，图书
馆专门为特定用户提供特定类型的内容。1832 年，国会图书馆积累
了大量的书籍、手稿和地图，而它的主要功能 —— 为国会的立法需
求服务 —— 被规模庞大的资料挤占了。国会正式设立了一个独立的
国会法律图书馆，并将其搬到国会大厦自己的地方，聘请了专门的
工作人员管理。

19 世纪同时也充满了一系列的危机，这些危机都来自对激增的
证据的物质和精神控制。我们怀着加速人类进步和福祉的梦想，扩
大我们对自然世界的控制，把我们自己从苦力劳动中解放出来，受
此鼓舞，我们开始记录世界。我们建立了更多的基础设施来管理这
些文件，支持高度专业化的知识领域持续发展，以跟上不断增加的
数据，并培训专业人员，他们反过来又自发地分化自己，就像达尔
文雀发展出了不同形状的喙。技术和工具与使用者的思想和文化习
俗共同发展。然后使用者的需求会超出这些技术和工具。如果没有
更好的观察、测量、实验工具，也没有将这些结果传达给其他学者
的工具，那么科学本身就无法进步。（发明万维网的初衷是为了加速
研究成果在远距离合作的科学家之间的交流。）因此，对观察、测量
和记录相关的新技术的需求与供应之间的快乐接力赛，很快就加速

到了令人眼花缭乱的地步，就像红桃皇后和爱丽丝互相追逐，越跑越快。①

推理的盛行

鉴证科学的艺术在于将物质视为过去的足迹。这种美学直觉基于对自然界中反复出现的某些模式的认识，科学家和数学家经常将其描述为优雅、美丽或简约。鉴证科学要耐心地运用精湛的技巧来破译先前存在状态留下的线索。这需要几十年的教育来培养科学敏感，以发现重要的模式，并获得理解信息的技能。但前提本身却极其简单，任何人都可以凭直觉理解，无需任何专业知识。鉴证科学的洞察力所具有的美学吸引力和形而上学的深度激发了侦探小说在19世纪的兴起，也是侦探小说在当今这个技术时代和物质时代仍然在叙事体上占据重要地位的原因。

到19世纪40年代，鉴证科学已经渗透到流行文化中。1841年，埃德加·爱伦·坡出版了第一部侦探小说，一部"推理小说"。《莫格街凶杀案》（ *The Murders in the Rue Morgue* ）的主角是科学家C.奥古斯特·杜平先生，他利用最少量的物证，推论出杀害两个女人的是一只猩猩，这个结论难以置信却是实事。亚瑟·柯南道尔承认，杜平是福尔摩斯的灵感来源。除了个性古怪的侦探具有的内在魅力，杜平、福尔摩斯以及他们的后来者引人注目的地方在于，他们

---

① 在《爱丽丝镜中奇遇记》中，红方王后对爱丽丝说："你看，现在要保持原地不动，就得使出浑身的劲儿。"

将知识与实践近乎神秘地结合起来，来解释这个为道德行为服务的世界——抓住罪犯和违法者。他们热情、禁欲、奉献和专注于目标，这些品质成了职业男人（以及女人）的标志。夏洛克·福尔摩斯身处犯罪现场，总能在大量数据中如激光般的专注，找到目标。他坚信，作为一个专业人士必须决定注意力应该放在哪里。"你说我们是绕着太阳转的?"他对华生说，"即使我们绕着月亮转，对我或我的工作也没有半点影响。"[1]

唯物主义科学之所以能战胜其他知识模型，主要原因在于它所做的预测是有效的。通过忽略一个可以随意干预自然法则的神，我们很大程度上获得了对自身命运的控制。科学将"自然知识的对象从道德话语的对象"[2]里分离出来，从而获得解释力。科学家们把"如何"的问题从"为什么"的问题里分离出来，只专注于"是什么"，而非"应该是什么"。这就是苏格拉底所警告的道德风险——知识的异化使知识"外在于我们"。我们掌握了对世界的巨大权力，但是代价是允许有一种力量凌驾于我们之上。19 世纪见证了专业化的迅速崛起，而且不仅仅是在知识领域。随着工厂采用装配线生产，劳动力也变得越来越专业化。当卡尔·马克思描述"劳动异化"时，他说的不仅是经济理论，还包括认为劳动者正在失去自主性。随着我们把自己最私密的部分，即我们的个人记忆和身份更多地外包给计算机代码，我们对失去自主性的恐惧（数据的异化）也与日俱增，

---

[1] Doyle, "A Study in Scarlet", chap. 2, in *The Adventures of Sherlock Holmes*.

[2] Shapin, *The Scientific Revolution*, 162.

因为在数字时代，只有机器才能读取我们的记忆，并大规模地了解我们所知道的东西。当我们掌控了机器，这种焦虑就会减少，但它永远不会消失，因为我们总会想要追求更多知识，也总是想要自主与控制，我们需要在两者之间进行权衡，也就需要我们警惕由此带来的意想不到的后果。

科学可以创造非常强大的技术，但帮助我们管理技术的不仅仅是科学。正如历史学家史蒂文·夏平（Steven Shapin）所说："现代文化中最强大的价值宝库，是我们认为与道德价值论述无关的（科学）知识体系。"[①]我们把美德归于推动人类进步的人，而不是拯救灵魂的人。美德的精英先锋也不再是穿着黑色和深红色长袍的牧师和神职人员，而是穿着实验室白大褂和牛仔裤的科学家、工程师和科技企业家。我们的叙事也从罪恶到救赎的故事，变成从无知到觉悟的故事，实际上它们遵循的主线没什么不同。这是一个明显的西方视角，与典型的印度教和佛教世界观的循环时间观截然不同。但它奠定了数字记忆的全球通用语。

我们向唯物主义转变是人类意识上的重大变化，它使我们如今能统治世界。我们不难看出，有一系列因素促使我们向鉴证科学转变，并强化了这一转变，这些因素包括：拥抱经验主义方法和唯物主义理论，并用它们来理解自然的因果关系；经济体系利用这种认识创造更精细的工具，积累更多的证据；投入资源，教育一支专业

---

① Shapin, *The Scientific Revolution*, 164.

队伍，以产生更多的知识并应用知识；政治体制保证充足的资源追求科学知识，且不受宗教或意识形态的干扰。去掉这四个因素中的任何一个，科学技术都会瘫痪。但是综合起来，这些力量产生了一种失控的效果，导致信息膨胀。这样的结果对托马斯·杰斐逊来说也许是无法想象的，而这种结果也会极大地影响他的藏书。

第 7 章
记忆的科学与遗忘的艺术

> 我所感知到的，并不是外部世界那些冲击我的眼睛、耳朵和手指的粗糙模糊的暗示。我察觉到一些更丰富的东西——一幅将所有粗糙的信号与丰富的过去经验结合在一起的画面……我们对世界的认识是与现实相一致的幻想。
>
> ——认知心理学家克里斯·弗里斯（Chris Frith）

无限制的生命

19 世纪，我们抛弃了知识的限制——一种先天审查，也是宗教过滤器，它决定了我们可以了解什么。启蒙运动对理性的狂热崇拜使我们受到鼓舞，我们不再把好奇心视为一种罪恶，反而将它视为一种公民美德。我们制度化了对图书馆、学校的公共扶持，支持出版自由，宣传进步和自由。20 世纪末，数字计算机的发明使我们越过了物理屏障，思想就像火一样"在全球范围内从一个人传到另一个人"。信息可以随时随地共享。

现在我们面临一个新的障碍 —— 人类注意力和吸收信息能力的自然极限。这是所有生物共有的限制。模拟存储系统能够很好地适应这种限制，因为印刷和视听内容的生产和访问是有限的，但我们已经抛弃了这个系统。为了达到同样的效果，数字存储系统需要认识并弥补我们的自然限制。记忆生物学是一门年轻的科学，还处于萌芽阶段。然而，即使是初步的研究结果也表明，要增强个人和集体记忆，我们应该顺从大脑的约束结构，而不是试图打败它。记忆设置了一系列的关口和控制，以避开琐碎或分散注意力的东西，这样我们才能随时接收有价值的信息，以便转换为长期记忆。

科学家在很大程度上是通过研究记忆崩溃时会发生什么来了解记忆的工作原理。在数字时代，有两种类型的记忆失效会对记忆产生特殊的影响。第一种失效是长期记忆形成的中断。短期记忆无法转换成长期记忆，我们就无法理解世界，无法识别模式，无法做出推论或推测。简而言之，我们无法学习。如果没有长期记忆，我们就会被困在现在。每天都是土拨鼠节，却看不到好莱坞式的快乐结局。第二种失效是记忆的丢失或解体。健忘症不仅使我们丧失了记忆过去的能力，也使我们丧失了想象未来、预测未来和进行精神时间旅行的能力。如果我们失去了人类的长期记忆，我们就会像健忘症患者一样，不知道自己是谁，去过哪里，要去哪里。

生物学既不是个人的命运，也不是文化的命运。[1]但当我们探索记忆科学的早期发现时，我们会发现部分与整体、个体与社会、个人与集体记忆之间的关系是紧密交织、共同发展的。我们可能永远无法将文化历史直接映射到我们的生物遗传上，但我们不能忽视它们。鉴于我们的文化生活已经在某种程度上延伸并发展了我们的基本生物能力，知识即使不是一套详细的说明，也可以作为指南，帮助我们设计数字记忆存储器。

我们如何认识世界

记忆的最高成就是在我们头脑中形成的关于这个世界的模型，一种非常接近现实的立体模型，让我们能够对事件做出实时反应。正如弗里斯所指出的，我们所感知到的东西都是实时感知和已经存储的信息——即我们对世界的记忆——的结合。在事件发生时，没

---

[1]　我们对人类记忆的了解主要有两个来源：一个是有记忆障碍的人，二是在对其他物种进行的实验。动物研究通常涉及基因调整和其他在实验动物身上制造记忆障碍的方法，这些方法不允许用在人类身上。这类研究依赖于人类对其他生命形式的生命识别（如果人类有资格的话）。生命科学面临的一个紧迫挑战是：如何更好地理解基于大鼠、小鼠或海蛞蝓的模型，以及它们何时适用于人类，何时不适用。生物学家理查德·列万廷（Richard Lewontin）极力反对使用生物进化模型来解释文化习俗及其变化。"只有放弃将人类制度历史与生物进化进行简单类比，我们才更有可能得出正确的文化变革理论。要构建一个直接从要解释的现象中产生的历史因果关系理论，我们需要的是更加迎难而上的努力。"详见 Lewontin, "The Wars over Evolution", 54。他主要针对的是他的自然科学家和社会科学家同行，他们用进化心理学来"解释"人类行为和文化实践，他在《美国历史评论》（*American Historical Review*）上发表了关于生物学在历史和生物学中应用发表了几个学科观点，详见 Lewontin, "AHR Roundtable: History and Biology", 119: 1492–629。

有任何生物能够实时处理足够的信息，以做出适当的反应。因此，大脑会事先准备一张周围环境的微型地图，并在每一个地点标注关于人、地点和在那里发现的事物的详细信息。[1]就像实验室里的海蛞蝓和老鼠，我们都是天生的制图师，会在脑海里画出地图，让自己适应周围的环境。只需一瞬间，大脑就会运行它的地理检查表：我在哪里？我是怎么到这里的？我要去哪里？这里还有谁？和希腊诗人西蒙尼德斯一样，我们会对信息进行空间化，有时是通过路线地图，它会告诉我们如何从一个点到另一个点，有时是绘制一幅"世界地图"，它代表我们对空间和时间的概念。[2]人类也意识到第四维度——时间。我们创造了一种叙事，它使我们更容易理解穿越时间的通道，就像地图更方便我们理解穿越空间的通道。我们构建的模型必须是灵活的，并且能够随时间修改，以便我们的行为可以根据当前的情况进行校准。

在我们的直接观察中，我们看不到大脑如何决定哪些信息需

[1] Gazzaniga, *The Mind's Past*, 74–75。"我们有预测能力……我们看到的不是某个时刻视网膜上的东西，而是对未来视网膜上的东西的预测。大脑中的某个系统会接受旧的事实并做出预测，就好像我们的知觉系统真的是我们大脑中一个虚拟的、连续的电影。"

[2] 研究表明，位置是由大脑中的时间来衡量的。"时空编码的关键之一是'定位细胞'（place cell），该细胞存在于海马体区域，当动物经过环境中的一个精确位置时，该细胞就会被激活；而时空编码的另一个关键是 θ 振荡，这是一种频率为 4 ~ 10 赫兹的大脑脉冲，就像大脑内部的一个时钟……因此，海马体区域中的时间是按地形组织的，类似于一系列的局部时区。研究结果表明，在任何特定时间，海马体都会对环境的一个扩展部分进行编码，而不仅仅是空间中的一个点。"详见 "The map in your head", *Nature* 459：477。

要记住。关注和保留信息的大多数过程都是由我们的本能或情绪引导的，在不知不觉中进行。正如神经学家埃里克·坎德尔（Eric Kandel）和拉里·斯基尔（Larry Squire）所指出的："这些记忆形式处于无意识状态，由此造成了人类经验中的一些神秘之处。因为其中有一些性情、习惯、态度和偏好，是有意识的回忆所不能触及的，而这些都是由过去的事件所塑造的，影响着我们的行为和精神生活，从根本上决定了我们是谁。"① 这些非陈述性记忆所具有的无意识本质使它们基本上不受机器智能分析的限制，至少在我们目前的知识状态下是这样的。与逻辑处理能力不同，计算机和机器人不擅长处理带有情感的信息，它们也不储存情感记忆。正如我们将会看到的，情感对于涉及价值观的决定是至关重要的，比如下班后是陪伴家人还是加班完成一项紧迫任务这样的选择，或是在对朋友说善意的谎言还是严重伤害他的感情之间的选择。

我们不是生下来就是一张白纸，不必从头学起。生物带有预先设定的记忆，即基因组，它编码了物种的历史，并有完整的指令。如果你生下来就有蚂蚁基因，它会告诉你如何成为一只蚂蚁；如果你生下来就有土拨鼠基因，它会告诉你如何成为一只土拨鼠；如果你生下来就有人类基因，它会告诉你如何成为一个人。科学家通常会用一种夸张的修辞将基因组称为生命之书，将现代生物学称为信息科学，因为他们的大部分工作在于破解细胞之间如何传递信息，

---

① Kandel and Squire, "Neuroscience".

如何将指令从身体的某一部分立即传递到另一部分。[①]基因会保留不同时间下的改进，因此科学家将基因组视为过去的档案。"受精卵中的新基因组不是一个全新的人，也不是一个被编码的人，而是信息档案。'发育时钟'利用这些信息从一个受精卵细胞形成一个遗传上独特的全新个体。"[②]换句话说，受精卵细胞就像一个可执行文件：加入食物和水，看着它长大。我们天生就对所处的特定环境充满好奇，会去获取相关信息。环境越复杂，学习曲线就越陡峭，我们经历的教育也就越长。像智人和大象这样的群居动物需要很长的孕育期和几十年的训练才能成熟。

从概念上讲，记忆的形成和检索相对简单，这正是内容管理的模式。它可以归结为几个步骤：选择、获取、分类、存储和随时按需检索。也就是说，脑力管理的每一步都是复杂的细节，涉及全局协调和与大脑其他过程同步。现在的科学还无法解释这是如何发生的，但科学已经开始关注大脑每个过程的基本轮廓。

我们在环境中寻找吸引我们注意力的信息。大脑的主要工作是维持生命，它对新奇事物的感知是高度协调的。正如科学家所说，我们变得对熟悉的事物习以为常。一些新的、意想不到的东西会抓

---

① 详见 "Modern biology is a science of information"，editorial，David Baltimore，*New York Times*，June 25，2000。到 20 世纪 40 年代，生物化学的基本进步已经改变了生命科学"从关心酶和能量的变换（即研究细胞内的能量是如何生产和如何优化利用的）到信息的转换（信息是如何在细胞内复制、传播和修改的）"。详见 Kandel，*In Search of Memory*，242。

② Pollack，*The Missing Moment*，14.

住我们的知觉注意力，大脑会根据它在记忆中留下的痕迹，对其他一切事物进行推断。因此，我们在任何特定时刻所感知到的大部分信息都被忽视了——实际上是被抛弃了——因为它们是多余的。我们通过感官获得的东西会立即通过情感和认知中心进行价值和意义建构。大脑会根据存储的类似信息寻找匹配项，然后临时将其存储起来以备再次使用。短期记忆一开始只能读取，如果不转换成长期记忆很容易被丢弃。一天结束时，当天接受的所有事物都会放在通宵停车场里，在睡觉的时候进行分类和处理，然后再进入"指定的地址"。我们的意识无法干涉睡眠中发生的关键处理步骤。[①] 白天，我们构建意义的策略是创造一个事件的叙事，在其中暗示因果关系，并确定一个情境，在这个情境中所有的元素都融合在一起并找到意义。到了晚上，我们清醒时所观察到的线性时间线就不起作用了，在梦中，因果法则被暂停使用，我们的"内部审查者"睡去了，而我们通常无法进入的广阔现实世界占据了"中心舞台"。在睡眠中，我们的头脑会将我们白天获得的信息进行分类，将垃圾分离出来，将有价值的"财富"永久保存。艾德丽安·里奇（Adrienne Rich）曾说过，诗歌"就像梦境：安放着你不知道自己已经知道的东西"[②]。但反过来说也是正确的。梦就像诗歌：我们所知的一切变成符号，它们意义含糊、混杂、开放。

① Yang et al.，"Sleep promotes"。
② "When We Dead Awaken：Writing as Re-Vision"，in *On Lies，secrets and silence. selected Prose 1966–1978.*（New York：W. W. Norton，1979）。

信息的价值在于它们在未来能够使用。薛定谔指出："生物会遇到很多重复出现以及周期性出现的情况，为了生存下去，生物必须学会如何适当地应对这些情境，而生物价值就体现在这个学习过程中。"[①]有用的东西在永久保存在我们大脑中之前，要通过一个巩固的过程转化为长期记忆。在巩固的过程中，内容被从叙事情境中抽离出来，使它能够在其他情境中适用。打个比方，被火烫伤，我们会一直记得那种疼痛，并且会抽象出疼痛，以及联系到各种各样的高温引起的疼痛，而且会在比喻的意义上和强烈的情感联系在一起。

信息处理可能发生在大脑的特定部分，但信息存储的组织和分配方式是为了使信息在各种各样的场景里有无限种可能的用处。我们能够识别所有模式，这种不可思议的能力允许大脑将记忆库中的信息插入当前的感知中。我们"识别"的是大脑在已知信息——也就是记忆——的基础上做出的推论。我们识别的模式是基于整个世界的样本，每个样本中的数据都带有具体分子的化学标记，这些分子都表达了某种价值，那些最显著的特征吸引了我们的注意力。当你走在异国小镇的陌生街道上，你的眼角会看到一个快速移动的模糊物体向你靠近。在你有时间仔细观察和评估它是什么之前，你的大脑已经命令你的身体后退，保护你自己免受碰撞。你的大脑不知道它是什么，但它已经遵从记忆并采取规避行动。这些心理模式，无论是自我保护还是追求快乐，就像灵活而牢固的藤蔓架，思想萌

---

① 引自 Jonathan Weiner, *Time*, *Love*, *Memory*: *A Great Biologist and His Quest for the Origins of Behavior*(New York: Alfred A. Knopf, 1999), 138。

芽可以以它为支撑，像藤蔓一样蔓延舒展。这就是为什么我们无时无刻都能看到世界的全貌，即使我们的感官只来得及记录我们在某个时刻感知的事物的碎片。就像诗歌、数学和音乐一样，良好的记忆依赖于一种能够约束内容和暗示意义的模式。

在回忆过程中，一段记忆像书或电脑文件一样被打开，被重新加工，重新编码，然后重新储存。"对巩固后的记忆进行检索是一个动态、积极的过程，在这个过程中，已经成型的记忆吸收新的信息，得到重塑或重组。"① 从字面上看，回忆是一个重建的过程——以化学的方式，新的感知融入旧的感知中。一种记忆被唤起的次数越多，它就会变得越强，无论是陈述性（事实性）记忆，如事件或单词，还是躯体性（物理）记忆，如气味、声音、高尔夫挥杆或键盘技能。记忆巩固是进入大脑的新数据之间的联系在现有的精神环境或联想网络中找到归宿的阶段。换句话说，记忆巩固通过将信息放入适当的情境中，以此来创造意义。一旦进入情境中，它就可以在未来再次使用。在这个阶段，记忆最容易迷失方向，永远找不到意义或情境来保持它的稳定，更不用说以备将来使用。② 每一段记忆在使用

① 引自 Kandel and Squire，"Neuroscience"。"重新激活的记忆经历了一个重建过程，这个过程依赖于内源蛋白的合成。这表明，检索是动态的，可以将新信息整合到已有的记忆中。然而，蛋白质降解是否参与了记忆重新组织的过程，我们知之甚少……但蛋白质降解为记忆重组过程的存在提供了有力的证据——先前存在的记忆被蛋白质降解打断，而更新后的记忆则因蛋白质合成而重新巩固。"详见 Lee et al.，"Synaptic Protein Degradation"，1253。
② "在这个阶段，而不是之后的阶段，记忆容易受到遗忘的影响。"详见 *Science of Memory*，165。

中都会被调整和加强，因此我们生活在一个不断重新解释历史的状态中。于是，在记忆的过程中，过去发生了变化。在使用记忆的过程中，人们之前（无论是 50 年前还是 5 分钟之前）对事物的描述都被简单地修改了，它们被放置在当下的环境中，这种使用成为记忆本身的固有部分。

在 21 世纪之前，我们使用的记忆存储系统补充了我们的内在记忆。楔形文字、卷轴或印刷品，它们的优点是记录不易改变、覆盖或抹去。相反，这些耐久的物体与我们大脑在工作方式上恰恰相反。只要保存得当，纸上的文字和图像可以几百年不变，不管我们读多少遍，它们都不会改变。数字记忆的运作方式更像是生物记忆。它实际上并不是固定的，很容易被覆盖或更新，而且不会留下太多更改的痕迹。有了数字存储器，我们就失去了固定而稳定的物理存储器的一个关键优势，即保存的信息是固定不可更改的。如何在数字领域重新创造物理存储的优势是设计存储系统以便长期稳定地存储数字数据的一个重要考虑因素。

另一方面，只有将一天中感知的信息转化为随时间推移而持续的东西，使它们嵌入到大脑现有的关联网络中，我们才能深度学习，才能具有创造力。我们所说的创造力是在与精神内容的来源完全无关的情境下使用精神内容。（幽默就是把内容置于极不协调的情境中。）但是，大脑对内容的这种深度吸收需要付出一定的代价。准备多种用途的内容有一个常见副作用，即源头性失忆，我们会牢牢记住内容，却记不住最初是从哪里获得的。你可能知道某部电影是别人推荐的，但你不记得是谁推荐给你的。你可能记住有多少人在事故中丧生的新闻，但你记不住在哪里读过它们。在这些情况下，消息来源都是足够熟悉或值得信赖的（你的朋友推荐了这部电影），以至于你不必费心去记忆源头是哪，或者信息是如此引人注目（死亡事故），以至于内容掩盖了所有其他的印象。

模拟波和数字位

　　大脑同时使用模拟和数字两种处理过程。数字信号传达要注意的内容，而模拟处理过程则抑制一些信号，并放大另一些信号，以便让我们把注意力集中在选择的对象上。例如，它可以让我们在嘈杂的房间里捕捉我们要找的那个人的声音。一种处理过程会告诉我们这个人的声音是从哪里来的，另一种会降低其他声音的音量，并调高我们要找的那个人的音量。

　　模拟回路处理连续的强度变化，而数字回路以开关或是非模式运行。[①]到目前为止，我们还不能设计出像我们的大脑那样同时使用模拟和数字信号两种处理过程的机器。在人类的大部分历史中，我们依赖模拟处理，在纸上印刷油墨，在画布上涂抹颜料，在蜡筒或塑料盘上刻写声波。我们早就熟悉模拟格式的优缺点。它们可能是缓慢而不精确的，但在感知的微妙和细微之处却极其丰富。

　　由于其固有的特性，数字记录样本信息，将其分割成 0 和 1，

---

① O'Reilly, "Biologically Based Computational Models"; and Eisenberg, "What's Next".

并以一种非常容易操作、容易重新排序的方式打包这些二进制数字，它最强大的地方在于能够以最小的信息损失进行长距离传输。这就产生了一个悖论：模拟信息具有更大的完整性（从字面意义上来说），而且在时间和空间上更准确地反映了记忆。但是，作为一种分析、比较和远距离交流的手段，它的灵活性和可靠性较差。一本书、一张照片、一幅地图所受的约束，恰恰就是人体所受的约束——无法越过高楼大厦，也无法在几秒钟内自动进行远距离传送。作为人造的实物，所有这些记录下来的知识制品——地图、照片、书籍和杂志——人类创造了它们，它们与人类同在。而数字信息则不然。

数字编码天生就需要依靠机器才能阅读和回放。数字文件是机器可读的，而不是肉眼可读的。除非我们有正确的硬件运行正确的软件来破译它，否则我们几乎无法读取它。对录音回放设备的依赖不是始于数字信息。它始于录音。读乐谱只需要环境光，但是携带声波的媒介——从蜡筒和电线到漆膜唱片和磁带——都需要机器将凹槽和磁信号转换成声波。依赖机器来读取记录的技术始于 1877 年爱迪生发明留声机，这也标志着我们开始无条件地依赖安全可靠的技术来维持我们的知识和记忆库。

数字技术使我们能够记录更多类型的信息，并且具有前所未有的高效和灵活。它使我们更容易控制录制的内容，因为所有内容都已经被分割成小块，可以打乱和重新组合，可以调整颜色饱和度或音频波长。但它也会带来相应的损失，我们丧失了区分振幅、连续性和强度的能力。检测、抓取信息的程度和连续性这种模拟能力的下降，对于我们的文化以及对于我们自己来说意味着什么尚未可知。但是，我们深知处理速度加快和二元思维带来的影响：我们拥有了更多的信息，却没什么方法来对其价值进行排序。

数字录音技术改变了音乐家的演奏方式；技术的熟练（或不足）在数字录音中比情感表达更容易被听到。在光化学胶片上捕捉到的光和在数字存储芯片上捕捉到的光有相似的效果——清晰度更高、调色板的层次更细微。在极端的情况下，数字技术可以像素化，但是它完全不能代表我们身处的现实的本质，现实是连续的、紧密相连的。正如认知科学家兰德尔·奥莱利（Randall O'reilly）所说："很明显，大脑更像是一个社交网络，而不是一台数字计算机。"[①] 记忆和学习现在被作为"大脑的分级、模拟和分布特征"的产物来研究。事实证明，将大脑比喻为电脑，并不准确。

情感是价值的表达

情感是身体对价值的内在表达。恐惧和喜悦等情绪都向我们传达了某种意义。它们显现出来的有意识的部分——焦虑和快乐——就是我们所说的感觉。我们在衡量自己能否在一场没有准备好的重要考试中取得好成绩时，是否感到恐惧？然后想到它就让我们焦虑。当我们和孩子久别重逢时，是否沉浸在喜悦之中？并且想到他们就使我们快乐。情感价值经过前意识处理，并加上了化学标记。无论情感是好是坏，它越强烈价值就越高。有时这些情感会传递到显意

---

① O'Reilly, "Biologically Based Computational Models", 94.

识，我们会意识到它们的存在，有时则不会。但无论是否意识到，它们都通过视觉、嗅觉或听觉线索与我们的感官联系在一起。正如神经学家苏珊·格林菲尔德（Susan Greenfield）所写，"纯粹的情感可以被视为我们精神状态的核心……当我们还是婴儿的时候，感觉不受记忆、文化、意义或自我的影响。那只是感觉"①。不管我们活多久，不管我们的举止如何优雅，情感永远不可能被文明化，如果能，情感将失去价值。情感的存在就是为了给我们带来惊喜。

由于情感是评估价值的核心，健康的大脑不会浪费空间去存储相关原始数据。我们总是在扭曲数据，最重要的信息都沉浸在大量的情感暗示中。当我们处理感知时，我们会提取最重要的数据，将它们映射到遍布神经系统的网络中。我们所学的大部分知识完全绕过我们的意识，直接进入大脑的情感和本能中心。这是为了我们自己的安全。经验"不需要任何有意识的记忆内容，甚至不需要使用记忆的经验"②就能改变行为。集中注意力耗时耗力，当我们从事日常工作时，我们不可能无时无刻集中注意力。③如前文所述，我们的

---

① Greenfield, *The Private Life of the Brain*, 21.

② Kandel and Squire, "Neuroscience".

③ 诚然，我们可以选择将思想导向何处。我们可以决定集中注意力，去听柜台后面的女人回答我们的问题，我们决定猪肉配红酒还是白葡萄酒，也可以决定到底订阅哪种有线电视，或决定不订阅。当我们练习反手击球时，我们可以引导我们的大脑去协调肌肉，同步我们的呼吸。我们可以记住一首曲子、一首诗或一串数字。但是，无论多么努力，这种专注只代表了大脑活动的一小部分。在集中注意或练习记忆的过程中，只要听见一声巨响，感到一波震荡的空气，或闻到刺鼻的气味，我们就会立即转移注意力，去关注什么引发了噪音，它是从哪里传来的，观察我们所处的环境，试图从火灾中逃生。

无意识注意力总是被新的、不熟悉的、明亮的和有光泽的事物吸引；或者被运动的、阴暗的、阴险的事物吸引；抑或被情绪波动影响。在我们没有意识到的情况下，注意力只停留在感知进入我们意识的那半秒钟。到那时，我们已经对我们所感知到的事物以及如何做出反应"拿定了主意"。我们可以慢下来，考虑并改变我们的想法。但我们很少这样做。我们瞬间的判断常常被认为是有意识的决定，但那是一种幻觉。我们总喜欢说，记忆在捉弄我们，它所呈现的过去往往与我们曾经经历的不同。但这提醒我们，记忆除了记录发生的事实还有很多功能。

情感是极其重要的，因为它们在信念和决策过程中起着决定性的作用。正如神经学家 R. J. 多兰（R. J. Dolan）所写的："情感对理性产生了强大的影响，它有助于巩固心念，但这种影响产生的方式尚未得到理解，也没有系统的研究。"① 从启蒙运动开始，西方文化就认为理性是一种比情感更强大、更受尊敬的智慧形式。理性思考是缓慢的，不凭借直觉，是一种能够有效发挥人类意志的工具。但社会生活需要移情和同情，这是理性无法做到的。② 另一方面，计算机具备惊人的运算速度，但它们还无法以同样的速度模拟人类的决策过程，因为它们没有情感。他们可以通过评估过去选择的结果来模仿我们的行为，做出概率预测（"喜欢这个的人也喜欢……"），通

---

① 多兰认为，情感是"标识价值的状态"。详见 "Emotion, Cognition, and Behavior"，1191。

② Pronin, "How We See Ourselves and How We See Others".

常这就足够了。

理性是稀有的，需要专注和协调一致的时间。因此，我们很少使用。我们很少花时间和精力去整理不熟悉的东西，更不用说那些与我们已经"知道"的东西不和谐的事物了。符合现有类别和价值观的信息很容易整合。而如果新信息确实很难懂（且不说自相矛盾），那么获取新信息很显然会适得其反。评估我们的感知依赖于大脑进行长时间的深度处理，不能贸然，也不能短路。这就解释了为什么疲惫的大脑不容易获得新信息，而休息充分的大脑更容易获得新信息。这也解释了所谓的"确认偏差"，即我们更关注那些证实我们对世界如何运作的现有观点的信息，而不是那些与我们的思维模式相矛盾或使其复杂化的信息。这就是我们面临的悖论：思维努力在我们缺乏适应的大脑中容纳越来越多的信息，最终可能使我们对新信息的开放程度降低，而不是提高。在很大程度上，智慧是为了弥补这一缺点，它是我们随着时间的推移而获得的一种属性，并发展成一种更高的能力，使我们能够评估新信息在我们已知的更大背景下具有怎样的价值。

S 的故事：记忆入侵现实

有一个俄国人，我们称他为 S，他的大脑过于"灵活"，而且这种灵活对他并无益处。他的故事由心理学家亚历山大·罗曼诺维奇·卢里亚（Aleksandr Romanovich Luria）以同情和谨慎的态度写在《记忆大师的心灵》（*The Mind of a Mnemonist*）中。（卢里亚把这个人简称为 S，我们也如此称呼。）卢里亚在俄国革命后的头 30 年里研究 S 的情况，S 面临的问题是他不具有卢里亚所说的"遗忘的艺术"。健康的心智必须具备遗忘能力，将选定的短期记忆转化为长期记忆，并将其余的记忆冲走，从过剩的记忆中创造秩序。长期记忆被抽象为一般类别，留待以后重复使用，并在这个过程中形成不同的模式。S 能记住大量细节信息，这些信息永远生动鲜活，但代价也是惨痛的，他无法将感知到的事物抽象成更具意义的模式。

结果，S 患上了注意力分散障碍：他的大脑无法让事情变得枯燥，而且很难长时间保持专注。他无法根据价值和情感上的显著性来整理他接收的信息。对他来说，这个世界在大部分时候都过于生动了。卢里亚的报告中提到，他的病人能记住所有的事情，却无法确定记忆的优先顺序。结果，他的演讲离题而冗长。他会从一个主题开始，最后离题十万八千里，进入一个死胡同。他很容易把记忆中的事情（因为他在日常生活中遇到的每件事都引发了一连串的回忆）和正在发生的事情搞混。记忆在他的大脑中是如此鲜活，在他的大脑中迅速产生强烈的感情，他常常把自己的记忆当成了现实。他有一段时间早上无法起床去上学，因为光想到起床都会刺激他回忆以前做过的事情，他躺在被子里一动不动，却以为自己去上学了。① 每过一段时间，S 总是无法区分他的记忆和现实，造成一种模糊的现实感，一种减弱了的实际存在感。

---

① Luria, *Mnemonist*, 151.

他的记忆过于清晰，直接原因可能是由于他的"联觉"（synesthesia），这是一种神秘的神经学现象，一种感觉或知觉的刺激会引发另一种不相关的感觉或知觉。例如，当他回想起"甲虫"这个词的时候，他立刻想到了"便盆里一块有凹痕的东西，一块黑麦面包"，以及夜晚角落里有一束灯光的房间，这个角落里有一只甲虫。而且这些联想在他的脑海中挥之不去。一方面，S 很容易建立起一系列的联想来促使回忆。他能以超强记忆谋生，把大量的详细信息记在脑子里，并在演出时根据需要回忆起来。另一方面，轻微的不经意间的挑衅就会引起他强烈的感官联想，这令他每天都很痛苦。不管他有没有其他天赋，联觉都会加剧这种效果。感官之间的联系有效地取代了事件之间的联系，使得他与时间流逝的感觉脱节。卢里亚注意到，S 最终失去了对现在的把握，总是期待着即将发生的重大事情。

随着时间的推移，S 积累了越来越多的信息，却无法丢弃不必要的信息，他的痛苦注定越来越严重。他以一种无法控制的方式形成记忆，为此他发展了一种技术，用尽可能少的情境来包围特定的记忆。他会缩小记忆的参照系，收紧情境，就像用套索套住他想要回忆的特定事实，从而扼杀所有可能的联想。但是这样做的后果是使大脑中的事物之间的联系分离开来。结果，他的叙述感崩溃了。当 S 处理新信息时，所有信息都保存了下来，没有删除任何冗余的信息，也没有将信息合并到与它类似的记忆文件中。他无法巩固自己记忆的内容，"将遇到的特殊事物转化为一般事物"[①]。他不能通过删除记忆中那些冗余或不相关的数据点来压缩、抽象或概括所获取的信息。

S 面临的一个显著障碍是阅读困难。每一个想法或概念都会引发一连串的意象，其中大部分都极其生动，而且没有关联。"这造成了大量的冲突，让我很难读懂文章。我读得很慢，我的注意力被分散了，我无法从一篇文章中获得重要的思想。"[②]他几乎无法理解诗歌或者任何比喻。他无法掌握不同语境中的同义词或同音异义词。举个例子，"手臂"（arm）指某个人身体的一部分，可以延伸指一个机构的一部分，这个词可以用于"他妻子的手臂"（the arm of his wife），也可以用作"难逃法网"（the arm of the law），但"手臂"这个词会令 S 感到困惑。诸如"斟酌字句"（to weigh one's words）之类的话都会使他困惑不解。[③]诗歌的本质是生动形象且具有象征性，这令 S 尤其难以理解诗歌，因为他只能从字面上理解诗歌的意向。矛盾的是，诗歌的意象如此强烈地刺激了他的心理意象，以至于除了首先出现在脑海中的字面意思外，别的什么也唤起不了。

更严重的是，他无法过滤掉这些对他叙述能力的干扰。他几乎无法追寻任何随时间变化的事物，根据卢里亚的说法，这导致他很

---

① Jerome S. Bruner, foreword to the first edition of Luria, *Mnemonist*, xxii.

② Luria, *Mnemonist*, 116.

③ 斟酌字句，原文为 "to weigh one's words" 直译为 "称量某人的话"。当 S 听到 "称量" 这个词的时候，联想到的是一个很大的秤。同样，在俄语中，"手臂"（ruchka）也可以表示 "孩子的手臂" "门把手" "笔杆"。

难记住面孔。他看不出一张脸上有什么明显的或与众不同的特征，因为面孔会随着丰富的表情而变化。对他来说，每一张面孔都是他无法理解的故事。[①]

在 S 的头脑中，世界的模型从未随着时间的流逝而连贯连续，只是充斥着大量未同化的数据。他没有能力制定计划，因为他实际上不知道事情是如何发生的，只是一件又一件糟糕的事。"有一次，我研究了股票市场，当我表现出对交易所价格的超强记忆力时，我成了一名经纪人。但那只是我为了谋生而做的一件事。至于现实生活，又是另一回事了。一切都发生在梦中，而不是现实中。"[②]

S 痛苦地意识到他的问题。"我大部分时间都很被动，无法理解时间在流逝，"他说，"我所有的工作都是'同时'在做。我对此的感觉？我觉得我才 25 岁，才 30 岁，我还有一生要过……但即使我意识到时间在流逝，我本可以做很多事，但我没有工作。我一直都是这样的。"[③]卢里亚令人心酸地补充道："他有一个家庭——一个贤妻良母，一个事业成功的儿子——但这一切对他而言仿佛也隔着一层迷雾。的确，很难说哪个对他更真实：是他所生活的想象世界，还是他只是作为过客的现实世界。"S 似乎感觉到在某个地方发生了一些伟大而重要的事情，他在某个时间点发现时光和思想的流逝。但是，他在生命的哪个关键时刻才能离开海岸，投入到汹涌不息的

---

① Luria, *Mnemonist*, 64.
② Luria, *Mnemonist*, 157.
③ Luria, *Mnemonist*, 157.

生命之河中呢？在生命的尽头，S 感到与自己的生活脱节了，好像他从来没有真正地生活过。

活着的过去和死去的过去

S 的故事警示人们不要因为数字存储容量不断增长而试图保存所有数据。我们积累的数据量本身并不能构成一个宏大的叙事。数据存储并不是完全理想的记忆形式。遗忘对于真正的记忆是必要的。

我们已经创造了一个技术先进的世界，并且形成一种需要更多创新（或"颠覆"）的文化，在这种文化的驱动下，这个世界正以令人窒息的速度运转。但科学告诉我们，这种破坏性的加速步伐最终将适得其反，因为我们的身体和思想仍在以与古代苏美尔人相同的速度运转。基于实物的模拟存储系统先天就存在一种摩擦力，它会减慢我们的速度，并需要深度的聚焦和注意力。数字存储消除了所有的摩擦，加快了速度，但同时也使我们的注意力和辨别力不堪重负。

我们的文化痴迷于事实——事实的内在价值。但我们的大脑却是相反的，人类的大脑对事实游移不定，因为事实是文化现象，而不是自然现象。大脑寻找的是意义：一种秩序感、恰当性、量度和目的。为此，大脑会发现印象是最有效的工具。根据印象，也就是弗里斯所说的"那些冲击我的眼睛、耳朵和手指的粗糙模糊的暗示"，大脑会创造出一个非常忠实的立体模型来反映外部世界，但这个模型并不对应于一个事实表征。我们必须在所处的环境中解释事实和印象，以便理解它们。事实没有内在意义，创造意义的是文化。如果大脑所做的只是创造外部世界的文字表象，那么任何时代、任何地方的所有文化都会有完全相同的运作模式。然而每种文化都产生了自己的解释框架，通过这个框架，人们可以理解"事实"。

　　建筑师勒柯布西耶自信地站在了创新的前沿，他写道："有活着的过去，也有死去的过去。有些过去是现在最活跃的推动者，也是未来最好的跳板。"[①] 在 21 世纪，我们的寿命越来越长，变化的步伐越来越快，为此我们对世界的思维模式需要更加灵活且易于更新。然而，事情进展得越快，就越难保持强烈的连续性。在这个信息膨胀时代，人们很容易产生和 S 一样的感觉，不断被生动的意象所攻击，没有时间对它们进行消化、分类，也无法忽视和抛弃那些没有持久价值的信息。

　　柯布西耶说得对：过去是一个复数名词。我们如何区分活着的过去和死去的过去，如何区分真实发生的事情和虚假的历史（包括错误事实和渺茫未来）？随着变革的步伐不断加快，我们还需要为过去烦恼吗？如果热情的革命家和未来学家托马斯·杰斐逊是对的，那么我们越关心未来，就越需要一份丰富、多样和易于理解的历史记录。因为记忆不是关于过去的，而是关于未来的。

---

① Le Corbusier, "When the Cathedrals Were White: Journey to the Country of Timid People", *New York Times*, November 11, 2001, p. 23.

第 8 章

想象：将来时的记忆

> 无时间意识——低级动物世界；有时间意识——人类世界；非时间意识——某种更高的生存状态。
>
> ——弗拉基米尔·纳博科夫，《独抒己见》(*Strong Opinions*)

2011 年，一组科学家发表了一份题为"如何培养思维：统计、结构和抽象"的研究报告。他们想知道我们的大脑是如何建立一个比它自身经验丰富得多的世界的。他们用信息处理的语言问道：

> 我们的大脑怎么能用如此少的条件获取这么多信息？我们建立丰富的因果模型，进行强有力的概括，并构建强大的抽象力，但是输入的数据零落、有噪声且含糊不清，从各方面来讲都太有限了。进入我们感官的信息和认知的输出之间存在着巨

大的不匹配。①

公元 397 年，希波的奥古斯丁提出了同样的问题，他提到了记忆宫殿的经典比喻：

> 我的天主，记忆的力量真伟大，太伟大了！真是一所广大无边的庭宇！谁曾进入堂奥？但这不过是我与性俱生的精神能力之一，而对于整个的我更无从捉摸了。那末，我心灵的居处是否太狭隘呢？不能收容的部分将安插到哪里去？是否不容于身内，便安插在身外？身内为何不能容纳？关于这方面的问题，真使我望洋兴叹，使我惊愕！②

那么缺少的元素是什么呢？进入我们感官的信息和认知输出之间的不匹配，是由于大脑反射性地从记忆中用"已知"的材料填补了短暂的知觉空白。我们的感知总是倾向于预测：它预测它所看到的。我们的很多知识都是本能，已经预先编入我们的遗传密码中。其中很大一部分是来自他人的经验，我们通过文化得以借鉴，剩下的就是我们的个人经历。我们在学校的十几年或更长时间里学到的东西都是人类的集体记忆。阅读、写作、算术、历史、音乐、绘画，这些都是祖祖辈辈的馈赠，正如切斯瓦夫·米沃什所写的："来源于

① Tenenbaum et al., "How to Grow a Mind", 1279.
② [古罗马]奥古斯丁著，周士良译：《忏悔录》，北京：商务印书馆，1963 年。

人，也源于崇高与光明。"我们每个人的记忆是"无限扩展的空间"，因为我们可以接触到人类的集体记忆。

如果记忆的伟大壮举是构建一个与现实足够接近的世界模型，那么想象就在于利用这个模型来创建现实的替代秩序和模型。记忆如实地记录世界。想象把它变成了似是而非的钥匙，把经验变成推测。这就是为什么失去记忆意味着失去未来，因为想象是将来时的记忆。

虚　构

记忆是如何变成想象的？为什么会变成想象？正如我们的科学家所指出的那样，想象不能完全来自记忆和经验，因为如果它确实来自记忆和经验，我们如何解释儿童丰富的想象力呢？孩子们不是靠经验来丰富他们的想象力。在儿童时期，大脑会随着神经元的生长而被激发。这些小神经元需要伸展、扭动，并通过预演它们未来的用途，找到自己的位置。在思维能力不断增强的过程中，这些神经元会自发地产生想象，使混杂的知觉产生秩序和意义。通过观察和模仿，孩子们开始将他们对世界的体验与他们想象中的世界相匹配。他们玩装扮游戏，穿上想象中的成年人的衣服。他们根据服装来扮演角色，并按照他们熟记于心的剧本进行创作。我们尚不知道这是如何发生的。

我们从孩子们的想象中看到了孩子在成长过程中神经系统学习环境的过程。神经系统会迅速建立起超额的精神和身体能力，以备不时之需，而这种能力在不使用时会萎缩。使用这种能力会塑造个

第 8 章 想象：将来时的记忆 | 149

人的意识，而没有被使用的神经连接在幼儿期就被彻底修剪掉了。一些认知障碍，如自闭症，可能部分是由于修剪过程中的失败造成的，因此一些人一直保持着身体上的敏感性，或与他们成长的世界不相称的思维模式。①学习的不同窗口期在开始和持续的时间上有很大的不同。在青春期之前，孩子们可以流利地学习许多不同的语言，但在青春期之后，学习语言的能力就减弱了。随着年龄的增长，需要付出更大的努力才能学习一门新语言，也失去了掌握某些技能的能力。这同样适用于许多身体和艺术技能，如体操或拉小提琴。我们可以在任何年龄学习这些东西，但我们的思想和身体不像年轻时那样具有很强的可塑性。

推 测

成年人的想象力与我们在儿童身上发现的想象力很不一样。它更类似于推测思维，即根据不完全信息进行预测的能力。仅 6 个月大的儿童就具有推测的能力，他们能够发现相关性，甚至推断出因果模式。②但是一个孩子的世界观充满了魅力和欲望。他们倾向于做出一些预测，这些预测会激发超自然或魔法的力量，并能想象出一些在物理上不可能的后果。他们只是还没有足够的知识来对因果关

---

① Guomei Tang et al., "Loss of mTORDependent Macroautophagy Causes Autistic-like Synaptic Pruning Deficits", *Neuron* 83: 994–996. 这一发现对未来治疗的启示是这篇文章的主题: Pam Belluck, "Study Finds That Brains with Autism Fail to Trim Synapses as They Develop", *New York Times*, August 21, 2014。
② Keil, "Science Starts Early", 1022.

系做出合理的推论，尽管他们对因果关系有很强的直觉。推测都需要熟悉世界是如何运转的，比如客人6点钟坐下来吃饭，你要确定开始烹饪18磅（1磅=0.4536千克）重的感恩节火鸡的时间，你要把烤箱温度调到450度，并在30分钟后降低到325度，烤好后还要再放置30分钟才能切块；或是你需要知道将一颗卫星送入环绕地球的高空轨道需要多大的推力；抑或抵押贷款利率的变化将如何影响房地产市场和通货膨胀率。

生物学并没有对想象力的流行观点进行深入了解，生物学模型通常用于解释人性的其他方面，这一点着实令人惊讶。相反，想象力通常被含糊地理解为一种特殊的智力，我们用它来"跳出思维定式"或"突破常规"。这就是为什么书籍、研讨会和技术手册行业如此兴旺，它们旨在传授如何在没有规则的情况下思考的规则。

这是一种特殊的方法。就我们所知，想象力是人类独有的。在人类中，它无处不在，每个人都具有想象力。想象力并不是某些幸运儿天生就拥有的令人羡慕的幸运基因。它是人类记忆的固有属性，是我们进行精神时间旅行的基础，是解决问题的能力，是推测性思维的基础。科学家假设，某些动物能以与人类相似的方式解决问题，虽然程度不同。黑猩猩可以用棍子把蚂蚁从洞里挖出来，乌鸦可以把一根电线接到钩子上，用钩子从树上的凹槽里诱出美味的食物。黄鹂可以撕碎塑料袋，用来筑巢。这些任务需要动物把知道的东西从一个领域转换到另一个不同的场景，以达到它们预先想要的效果。但科学家观察到的这些任务并不需要深度的时间感知或精神时间旅行。① 只有人类能够在深水区建造桥梁，也只有人类能把同胞送往太空收集月球的岩石土壤，因为只有人类能够想象出一系列行动以及这些行动的具体后果，而每个具体的结果确定了下一步的路径以及这一系列行动在长期中的延续。如果没有从事精神时间旅行的众人进行合作，这样的长期计划是不可能实现的。

推测需要"结合意象和经验来构建无限的未来情境"② 的能力。当推测思维被用于推断可能发生的事情时，我们称之为预言或预测。事实上，这和鉴证科学的过程是一样的，只是方向相反。在科学和工程学的背景下，预测可信与否取决于它是否符合自然法则。正如科学家理查德·费曼所言："科学是被约束的想象力。"

大脑是一个强大的模拟器，基于记忆和联想的场景，不断运行着一个"如果……会怎样"（what if）的程序。失眠症患者知道，大脑最喜欢的是假设，也就是那些可能发生但没有发生的事情。重新运行过去的场景并改变其中一个或另一个因素来获得不同的结果，我们可以预测可能的偏差。像 S 这样的人无法进行推测或假设，因为他们无法识别常规模式。他们的记忆被打乱，无法创建事件模式或因果模型。对 S 来说，过去经历的场景只能产生大量可回忆的事件，并且这些记忆与现实混淆在一起。遭受严重创伤的人也可能无法进行推测，尽管原因不同。他们被困在了过去。不管他们经历多

---

① Ball，"Cellular memory"；Balter，"'Killjoys' Challenge Claims"；and Kagan，"The uniquely human in human nature"，这些文章总结了将人类技能与动物行为过于紧密地联系起来所引起的一些疑问。

② Balter，"Can Animals Envision the Future？".

少次与创伤有关的场景 —— 即使程度非常低，他们在结束时仍然在开始的地方。创伤使他们的记忆丧失了固有的可塑性。许多治疗技术会重访创伤，以打开记忆并修正它所引发的感觉。本质上，这就是通过改变它所唤起的情绪来重写事件在记忆中的意义。

爱丽丝的挽歌：记忆的瓦解

当描述记忆如何作用于普通人时，大脑科学家通常会说记忆构成了人。我们的记忆不仅仅是关于过去的数据点的积累。它们是自我的基础，结合了我们的经验，赋予我们时间、地点、个性和身份。健康的头脑是一位"织工大师"，总是在织布机上编织、补充、修整和强化记忆，以便在紧要关头随时掌握牢固的联想模式。但在阿尔茨海默病中，"织工"疯了，"飞蛾"接管了一切。记忆的基础会分解成越来越小的形状和尺寸，一个个生活经历的事实会随着它们一起消失，在某个临界点上，对因果和自我连续性的感觉也会逐渐消失。在这些"破烂的衣服"上看不出任何图案。意义已经消失了。事件存在于时间和地点之外。未来是不可想象的，而当下也完全没有了目标。任何进入健忘症患者意识的东西，都是过去的碎片，脱离了它们在人生叙事中原本的位置。这些记忆碎片让人感到恐惧，漂浮在失忆的人面前，但脱离了情境，熟悉却毫无意义。

爱丽丝·默多克（Iris Murdoch）是一位多产的小说家和哲学家，直到她死于阿尔茨海默病。随着她失去记忆，她的想象力萎缩，最终她失去了创造力，她再也不能创造出一个虚构的世界。她兴趣广泛，想象力丰富，能够在抽象与具体之间建立联系，这些能力是爱丽丝作为作家和思想家的独特天赋。但是疾病摧毁了人类的逻辑。阿尔茨海默病使她敏锐的头脑分崩离析。在她丈夫约翰·贝利（John Bayley）的回忆录《爱丽丝的挽歌》（*Elegy for Iris*）中，我们看到她一点一点地消失。贝利把他所知道的爱丽丝在各种状态下的情况写得清清楚楚，从而弥补了她所经历的一些痛苦。他见证了她强大的个性和思想的瓦解，这种个性和思想因其一致性和自我意识而受到珍视。

像 S 一样，爱丽丝缺乏对时间的深度感知，尽管原因截然相反。爱丽丝被困在永恒的现在，没有通向未来的出口。无论是好是坏，这种记忆损伤无法使我们无忧无虑。在描述爱丽丝陷入失智时，贝利写道："对她来说，大多数日子都是一种绝望，尽管绝望意味着一种有意识的、积极的状态，这是一种空虚，缺乏空间感让她感到害怕。"她的面孔因"每天的空虚而布满焦虑"。[①]贝利回忆道，对爱丽丝来说，"时间构成了一种焦虑，因为它的常规形态和进程消逝了，只留下一个永恒的疑问。有段时间，她的脑海里一直出现'我们什么时候离开'的疑问，尽管她没有表现出激动的情绪。的确，她好像很平静，好像我们什么时候走、到什么地方去都无所谓，还是待在家里比较好。"

不管我们有多大年纪，我们的幸福感都直接来自我们想象未来

---

① Bayley，*Elegy for Iris*，63–64.

的能力——我们有目标、有意义并且可以选择自己的命运。^①过去
是想象力的原材料，而阿尔茨海默病患者表现出想象力的急剧退化：
没有过去，就没有未来。研究表明，在大脑海马区受损的患者中，
人类想象未来事件能力和有意识地回忆过去（情景记忆）的能力被
削弱了。此外，新的成像研究表明，正常成年人在规划和记忆的过
程中，大脑活跃区域是相同的。负责记忆的器官也负责推测，进而
负责想象。但是，S 的案例表明，大量过去的碎片并不能构成健康
的记忆。

我们就像影子木偶，历史之光在我们生命之路上投射过去的
影子，以此照亮我们前行的道路，创造必要的熟悉感，我们需要前
进到不可知的未来。爱丽丝的身后没有过去的光芒照亮她前进的道
路。她有时说自己是"在黑暗中前行"，她所指的就是记忆之光已经
熄灭。

文化失忆

失去集体记忆对文化身份具有毁灭性破坏，这与失去个人记
忆对爱丽丝的破坏性是一样的。在 20 世纪的美国内战和世界大战
中，摧毁文化记忆成为征服平民的中心战略。它始于第一次世界大
战，随后被一些极权主义政权采用并完善了这一战略。^②他们清空图

---

① Shettleworth, "Planning for breakfast", 826; and Daniel L. Schacter et al.,
"Remembering the past".

② Stéphane Audoin-Rouzeau and Annette Becker, *14–18: Understanding the Great
War*, trans. Catherine Temerson (New York: Hill and Wang, 2002) chaps. 1–3.

书馆、档案馆、博物馆和教堂的藏书，因为这些藏书可能会破坏他们的政治目标，并成为过去和过去信念的无声见证。这种做法为接下来的一系列事件做好了准备，比如纳粹破坏犹太人和斯拉夫文化。在 1812 年战争期间，美国人烧毁加拿大首都的国会图书馆并不是对平民文化身份的侵犯，而第二年美国国会图书馆遭到破坏，纯粹是一种报复。但塞尔维亚人于 1992 年 8 月轰炸萨拉热窝的波斯尼亚 - 黑塞哥维那的国家和大学图书馆并不是要摧毁一个战略军事目标。[①]该图书馆收藏了记录波斯尼亚历史的手稿，它们无可取代。摧毁它们是一种蓄意行为，通过消除波斯尼亚人曾经存在过的证据来消除波斯尼亚存在的权利。

S 和他的医生卢里亚生活的集体记忆有着更深层次的意义。S 的记忆像点彩画，却顽强，是一种痛苦而又诗意的反抗，反对强加给苏联公民的历史健忘症。卢里亚在 1965 年写这本书的时候一定知道这一点。在他们一起工作的 30 年里，S（1886—1958 年）和卢里亚（1902—1977 年）经历了几十年的混乱和深刻的历史决裂，而卢里亚在苏联发表的书从未承认这一事实。

这是集体记忆历史上一个奇怪的时期。苏联是在一种极端乌托邦的愿景下运作的，这种愿景认为，人类历史注定的结果是共产主义的胜利和国家的消亡。按照这种观点，人类不能创造自己的未来，他们是在完成一个预定的命运。执政者创造自己的官方历史，宣传

---

① 在图书馆特别收藏的 20 万份手稿、地图、个人档案和图片中，只有 19 700 份在火灾后被找到。

员宣传着他们以为的不可避免的未来。过去必须安排得好像只有一种可能的结果。他们忽视了这样一个事实——历史不是沿着直线前进的，而是像双头骆马，同时向几个不同的方向发展。于是，有些人觉得有义务对过去进行全面的攻击，从史书中抹去令人不快的事实，抹杀那些相信这些事实的人，编造更符合历史故事的过去，向人类历史注定的结局前进。这就是为什么有人开玩笑说，未来是确定的，过去总是在变化。在这段历史中，这种奇怪的时间错位现象普遍存在。于是许多人感到与现实生活隔绝，就像 S 一样。捷克小说家米兰·昆德拉将它称为"生活在别处"。

随着年龄的增长，我们对想象力的依赖越来越少，反而越来越多地依赖经验。不这样做简直是傻瓜。没有想象力，我们的世界很快很快会变成一个老人的世界，人们不会感到惊讶，无法适应新的信息，不会同情那些没有学会同样残酷生活教训的人，也无法具备必要的天真乐观（因为只有在一个不断变化的世界生存才能获得）。在发达国家，人们的寿命越来越长。随着年龄的增长，思维封闭的问题将带来严重的挑战。如果我们失去想象力，社会将如何灵活、有创造性及乐观地应对日益加快的变化步伐？

如果我们只是为了在匆忙追求下一个新事物时能与自己并驾齐驱，而没有别的原因，那么培养想象力在我们生命的每一个阶段就是更加重要的事。随着技术创新步伐的加快，我们不仅需要更新软件和硬件，还需要更新我们的习惯和常规，这一点也变得越来越重要。对于在这样一个充满活力的环境中长大的孩子来说，在基础教育中减少无组织的玩耍时间，减少音乐和艺术的学习，无疑都是无益的。将文化和娱乐私有化，让富人以外的所有人都无法接触到这些东西，则剥夺了成年人最需要的东西——这些都是人们在这个科技发达的社会中保持适应性和情感上的可接触性所需要的。更重要的是，随着全球化，世界变得越来越小，与来自不同文化的人接触越来越频繁，培养道德想象力和换位思考的能力变得越来越重要。在当今时代，我们知道知识就是累积，专业知识比比皆是，重要的是在有用知识的总和上增加有用的东西。培养审美想象力是有益的，它能使我们成为更好的朋友、伴侣、父母、公民和工人。它能提高我们的情商。审美和道德想象力是人类生存环境的内在要求。没有它们，我们就不能称为人类。

像S一样，如果我们因为不断地分心而无法形成强大的记忆，我们在生活中找不到意义或无法发展一种叙事感。如果我们不能管理好我们的集体记忆，我们就会像晚年的爱丽丝·默多克一样，无法理解我们现在在哪里。我们将没有过去，没有未来。想象力的价值远远超出预见、推测或预测。它让我们慢下来，给我们纳博科夫所说的"无时间的意识"。现在是时候想象一下，我们将如何重建我们的记忆系统，以适应丰裕的世界。

第 9 章
互联网没有记忆

我认为，人类的大脑原本就像一间小小的阁楼，为阁楼添置家具。只有傻子才会把各种杂货一股脑儿全塞进去，这么一来，有用的知识反而给挤了出来；即便留在脑袋里，也只能同其他东西乱糟糟地掺杂在一起，需要取用时无处下手。而聪明人一定会小心谨慎、精挑细选，他的小阁楼里只容纳对工作有帮助的工具，这些工具一应俱全，并且安排得井然有序。有人以为小阁楼的墙壁富有弹性，可以随意伸缩，其实不然。总有一天，阁楼容量达到极限，往里面添加新知识的时候，以前掌握的知识就会遗忘。所以，不能让无用的杂货挤掉有用的工具，这一点非常重要。

——夏洛克·福尔摩斯，《血字的研究》

互联网对记忆的影响

苏格拉底担心写作会导致健忘，因为写作"这帖药，只能起提醒的作用，不能医治健忘"。他担心人们"依赖写下来的东西，不再去努力记忆"会侵蚀他们的个性，他也担心人们从中获得的"不是真正的智慧，因为这样一来，他们借助于文字的帮助，可以无师自通地知道许多事情，但在大部分情况下，他们实际上一无所知"。另一方面，如果没有写作（摄影和录音），我们就会像天堂里的亚当和夏娃：每天早上醒来都对昨天记忆淡薄，无法规划明天，更不用说后天了。与苏格拉底的观点相反，我们在有提醒功能的文化中已经做得足够好了，依靠持久的媒体和几代人建设的机构来帮助我们记忆。我们是自然的多面手，随时准备适应任何环境，因为"我们的大脑是多用途器官，不是单纯为某种环境而存在"[1]，大脑能够学习去适应所处的任何环境。从楔形文字到计算机芯片，知识存储的每一次创新都增加了我们作为一个物种的适应性，帮助我们适应新的或恶劣的气候，找到方法来养活不断增长的人口，通过治疗或预防疾病延长我们的生命，为大脑释放更多的空间去思考新的问题。

　　最近一项关于"谷歌对记忆的影响"的研究表明，我们能够非常灵活地适应如今的环境，轻松处理巨量信息。我们能够区分网上可获得的信息，知道哪些需要记住，哪些不需要。"我们都知道家里和办公室里谁知道什么，与此类似，我们知道电脑知道什么，当我们需要信息时，也知道这些信息存储在电脑的什么位置。"[2] 研究

---

[1]　Tattersall, *Masters*, 228.
[2]　Sparrow et al., "Google Effects on Memory"。很明显，当人们搜索他们知道存储在其他地方的信息时，他们会想起这些信息存储在哪里。

生学习如何每周阅读消化十几本书，以便应对高强度的学习生活，我们就像这些研究生一样，更多的是记住信息存储的位置和如何找到这些信息，而不是信息的内容。作者敏锐地指出："我们对电脑的依赖程度，就像我们对从朋友和同事那里获得知识的依赖程度一样——如果失去联系，我们就会失去知识。失去网络连接的经历变得越来越像失去一个朋友。我们必须保持网络连接才能知道谷歌上的信息。"把越来越多的知识外包给电脑，对我们个人和集体来说，不会比把墨水写在纸上更好或更坏。在数字时代，就像在印刷时代一样，重要的是我们要在管理个人记忆和承担集体记忆责任之间保持平衡。这意味着在 21 世纪我们在网上建立免费向公众开放的图书馆和档案，以补充实体图书馆和档案。

如何在这个富足丰裕的数字时代掌握记忆？我们需要从重塑数字时代的读写能力和更新公共政策开始，投资于存储记忆的长期机构，使集体记忆能够留存到未来。这不是一两代人能够解决的问题。但是，现在我们必须奠定基础，想象将来的记忆系统，想象一下当我们不在人世时，我们将如何被记住、被评价。

互联网时代如何扫盲

2010 年 4 月，美国国会图书馆宣布，推特将提供"从推特成立到协议签署之日的公开推文，即从 2006 年到 2010 年 4 月的推文档案。此外，图书馆和推特达成协议，即推特将在相同的条款下持续提供所有的公共推文",以便作为历史档案。[①] 推特作为个人记忆信息的来源,总体上不如作为大规模分析数据库的价值大。当推特档案被捐赠给国会图书馆时,引发的问题之一是谁拥有这些数据,谁有权决定如何处理这些数据。许多人意识到他们无法控制自己的推特数据,这让他们感到又惊讶又不愉快。一些人质疑推特的价值以及它在国家图书馆中的地位——与乔治·华盛顿和乔治·格什温(George Gershwin)的论文相比。但我们逐渐认识到,作为大规模数据挖掘的来源,社交媒体数据是关于社会行为、政治行动、公共卫生趋势等信息的宝贵来源。今天,我们的大多数活动都依靠大规模的数据分析,从天气预报和超级碗赔率,到根据人口普查进行税收评估,以及维护空中交通控制系统。

大规模的数据分析需要大量数据,我们的很多数据在未经我们许可甚至不知情的情况下被使用。搜索引擎知道搜索的来源,保留搜索记录,将这些数据用于从未向搜索者透露的目的,并在需要时将它们交给当局。我们可能会发现,我们使用的终端会"记住"我们搜索过什么以及我们的购物偏好是什么,这会方便我们在网上购物或搜索信息。但我们不愿意认识到,情报机构可以利用这些数据追踪我们的政治立场和朋友圈,并利用它们窃取身份或进行欺诈。不少公民和消费者都关注这些做法,对数据的滥用也有可能使知识停滞不前,而只有不断进步的知识才能让我们所有人受益。海洋学

---

① "Update on the Twitter Archive at the Library of Congress", issued in January 2013.

家詹姆斯·麦卡锡（James McCathy）作为美国科学促进会主席在演讲中警告说：

> 比收集和挖掘数据的技术方法更重要的是，公众将讨论如何重新制定数据收集、所有权和隐私的规则，以决定在多大程度上我们的生活可以被观察到以及由谁来观察。在这些问题得到解决之前，它们很可能会限制这些新数据促进我们对社会和人类行为的科学理解，也不利于改善我们的日常生活。[①]

数字时代的基础教育包括，我们可以自主选择阅读和发表什么、谁使用我们的数据、如何使用，以及在我们有生之年和死后，我们的数据会怎样。互联网时代的扫盲和印刷时代一样，首先要学会以适当的怀疑态度阅读，能够评估我们看到的东西是否值得信任，在使用我们自己和他人的数据时要有责任感。这意味着我们需要学习解读和选择搜索结果，清楚排在前面的搜索结果哪些是公司付费置顶的，哪些不是；了解电脑如何编码信息和如何显示信息；了解如何创建、收集和使用数据；以及知晓如何确保我们的数据隐私以及它们是否被恰当使用。我们应该能够识别信息的来源，并评估其真实价值、权威性和真实性。我们应该警惕文档中的时态不一致、名词或动词的不一致、字体的各种变化，以及从其他地方剪切粘贴来

① McCarthy, "Reflections On", 1645.

的文本冗余。这些是屏幕阅读和写作的基本技能，可以引入早期教育中，并在未来几十年中保持更新。

最重要的是，互联网时代的基础教育是关于如何明智地利用时间，因为时间是我们丰裕的信息经济中唯一真正稀缺的资产。我们不再需要寻求信息，信息会找到我们。无论我们走到哪里，信息都会跟着我们，就像一群狂吠的狗，吸引我们的注意。我们需要重新设置过滤器控制信息流。一个保存良好的数字大脑"阁楼"有足够的空间存储短期记忆，而通向长期记忆的路总是保持通畅。数字时代的自治与印刷时代的模式非常不同。它不仅仅是降低准入门槛或智取审查者和版权所有者，更是过滤数据，获取更有价值的信息，使我们有更多的时间进行深度吸收，并让机器在不侵犯我们隐私的情况下随时待命。

对数字过滤器的要求随着互联网进入公共领域而被立即提上议程。在20世纪，每个上网的人都经历过某种程度的数码眩晕。第一个出现的过滤器是搜索引擎，它承诺根据潜在价值帮我们分类和组织信息，以回答我们提出的特定问题。经历了最初的商业搜索引擎激烈竞争阶段，有一家名为谷歌的公司在众多公司中占据了主导地位，它提供的是"组织全世界的信息，让全世界的人都能获取这些信息，并从中受益"。不久之后，脸谱网（Facebook）、领英（LinkedIn）等社交媒体网站开始提供管理我们所有社交和职场活动的服务。从亚马逊到美捷步（Zappos），各种各样的电子商务网站竞相垄断我们的商业交易，它们网罗一切货品并迅速提供给世界各地的每一个人。这些商业网站用分散注意力的广告轰炸消费者，以吸引我们的注意力，并承诺即时满足的回报，令人不可抗拒，以此为某些产品带来流量。他们从我们的使用数据中提取宝贵的信息，创造了预测我们需求的算法，并提高了那些能够满足需求的生产设施的需求，他们甚至在我们能够表达自己的需求之前就预测并满足了我们的需求，这就是"如果你喜欢这个，你就会喜欢那个"的用户驱动算法的魔力。一方面，这些满足的捷径对我们很奏效，为我们节省了很多时间；另一方面，我们丧失了选择自由，选择更少了，这样我们很容易在不知情的情况下被欺骗。①选择和便利之间总是存在着权衡。一个精通数字技术的人能够认识到什么时候需要进行权衡，并在选择和方便之间做出决定。例如，他们知道什么是cookie，并选择何时关掉它们。

在缺乏自由市场的国家，互联网过滤器是由政治体制强加的。它们规定了公民可以看到的历史的版本和目前的现实。当政治力量试图通过控制公民所知、所想和所信来控制全部人口时，审查制度就会非常活跃。控制信息的传播手段，无论是审查书籍还是屏蔽IP地址，都是至关重要的第一步。但真正严肃的政权要想有效，需要的远不止审查。他们需要创造虚假的过去，也需要校准对未来的预期。传播虚假信息是一种久经考验的说服策略，被政治运动用来抹黑对手，

①　美国联邦贸易委员会发现，谷歌"操纵搜索结果，使自己的服务比竞争对手的服务更受欢迎，即使这些服务与用户的关系不大"。详见 Rolfe Winkler and Brody Mullins，"How Google Skewed Search Results"，*Wall Street Journal*，March 19，2015。

也被政权用来对付敌人。在冷战时期，这被称为"假情报"。在数字时代，仍然有人运用这些策略在国内外发动意识形态的战斗，就像500 年前一样。最早使用印刷机的是反教皇和反路德教的宣传。意识形态的斗争为处于初创挣扎阶段的出版商提供了非常好的生意。

在市场经济中，脸谱网和推特等"免费"交流渠道的商业化引发了一系列对经济、政治和社会挑战的争论。然而，无论是个人记忆还是集体记忆，这些争论都忽视了其对个人记忆和集体记忆的潜在长期影响。集体记忆的长远未来不是商业公司的事。商业公司存在的时间范围相对很短，我们不能指望他们在保护信息资产方面进行充分投资以造福未来几代人，因为这些资产无法产生足够的收入来使他们持续地维护数据档案。影响集体记忆的问题不在于商业公司只关注季度回报，尽管这种狭隘的视野对任何长期规划都是有害的；影响集体记忆的是商业公司来来去去，当他们离开时，所有的信息资产也随之消失。与那些为纳税人效力的机构不同，商业公司对后代人没有责任。要使商业公司拥有的数字内容得到保存，最简单的解决方案就是企业将其重要的知识资产移交给公共机构。推特将其档案捐赠给美国国会图书馆，是私人机构与公共机构合作的一个典型例子，这种合作应该成为数字时代的规范。

避免集体失忆

反思自己行为的能力，超越本能反应的能力，以及做出深思熟虑的合理选择的能力，都是由具有深刻的时间感知的大脑所赋予的。

心理学家丹尼尔·卡尼曼提出了"快思维"和"慢思维","快思维是"指人类的本能反应,与此相反,"慢思维"是指意识到并反思自己的行为,且能够超越纯粹的本能反应,做出有意识的选择的能力。[①]本能和无意识的行为与深思熟虑的行为之间的区别,不仅是决策的基础,也是创造健康的长期记忆的基础。组织非常擅长减缓人类思维和反应时间,从而为思考开辟空间。"避免错误方面,组织比个人做得更好,因为他们在思考上天生就很慢,而且有权力强制实施有序的程序……组织是判断和决策的工厂。"图书馆、档案馆和博物馆对我们长期记忆进行管理是必要的,因为它们保守,以有序的方式进行判断,并对公众负责。

谁有权代表公众保存(现在和未来的)数字内容?我们拥有自己的个人数据吗?这些有关我们自己的生物医学、人口统计学、政治数据,我们能控制它们的使用吗?如果某些类别的数据是私有的,那么元数据(关于数据的数据)也是私有的吗?这些不是理论问题。今天,大部分个人数字记忆都不在我们个人的控制之下。商业社交媒体网站上的数据、通过商业服务提供者发送的电子邮件、购物行为、音乐库、照片流,甚至我们保存在硬盘上的文件都可能对我们失效,在短短几年内就无法访问了。为婚礼筹建的网站很少能维持到蜜月,更不可能50年后还能拿出来和儿孙分享,除非在婚礼过程

---

① 丹尼尔·卡尼曼在他的书《思考,快与慢》中讨论了超越本能反应并做出有意识选择的能力,他在书中区分了两种思维系统:一种是反射性的、本能的、直觉的、快速的思维系统,另一种是深思熟虑的、努力的、有意识的思维系统。

中对它进行了存档。人们还在哀悼逝者，记忆尚未消逝之前，数字吊唁簿就已经从互联网上消失了。我们把脸谱网页面和领英资料视为我们自己和我们身份不可分割的部分，但它们也是公司的资产。记录我们记忆的根本目的是确保它们在我们短暂的几十年生命结束后依然存在，如果我们不能成为自己的数据管理者，那么这个目的将在短暂的数字景观中消失。在生活过程中控制我们个人信息的技能对于数字素养和公民身份是至关重要的。[①]

思想的市场现在主要在网上进行管理。如果有些东西在网上找不到，它就有可能从公众的脑海中消失。保存历史记录最可靠的方法是将它们转换成数字形式，无论是将彩色电影转换成数字格式，还是将 18 世纪的家谱数字化并放到网上。这些模拟源需要以原始的物理格式保存。但数字化扩大了它们的使用范围，同时也让许多新公众可以接触到它们。

图书馆、档案馆和博物馆正在将它们的许多藏品向公众在线开放，但这项重要的服务由于长期资金不足而受到阻碍。我们从扫描中得到的价值远远大于数字访问。我们已经发现，如果一本书、一份手稿、一幅地图或绘画具有价值，那么转换为数据形式后它们具有了多种新的价值。反映数字化增值的一个例子是看似平常的航海日志，这些日志是几个世纪以来用各种粗糙的手法书写的，每一份都记录着海外航行的细节。当然，它们一直以来都是编纂航海史、

---

① Leslie Johnston, "Am I a Good Steward of My Own Digital Life ?", The Signal, December 12, 2013.

贸易史的重要资料。将这些日志转换为数据库给人们提供了新的价值，是使用计算机分析气候和海洋生态的宝贵历史证据。[①]谁能想到这些日志中记录的天气、洋流、鱼群等详细信息的价值呢？关于气候的历史信息非常稀少，对于那些研究长期中海洋和大气条件的稳定和波动模式的人来说，这些信息像金子一样珍贵。几个世纪以来，这些信息一直潜藏在旧文件和日志中，只有访问档案馆研究它们的人才能看到。到目前为止，我们还不可能大规模地阅读它们，也无法了解航海日志能够告诉我们的关于未来趋势的信息。

19 世纪鉴证科学的转变使得大量难以想象的各种实物用来记录有价值的信息，而这些实物脆弱又笨拙。医学历史博物馆收藏了大量的人类和动物组织样本，它们记录了疾病的历史。[②]自然历史博物馆的抽屉里装满了鸟类、昆虫和骨头，而现在我们可以对它们进行 DNA 取样，获得有关遗传关系的信息，通常还会改写生命的系谱树。[③]鸟类系统基因组学项目正在对来自 45 种鸟类的 48 只鸟的基因组进行测序，以构建鸟类的家谱。[④]超过 60% 的组织样本来自自然历史博物馆的藏品。这些机构曾经被嘲笑为塞满标本的旧仓库，如今成了基因研究时代的诺克斯堡（美联储的金库所在地）。一些天文

---

① Schrope, "The Real Sea Change".

② 例如，美国武装部队病理学研究所是世界上最大的病理学研究所。它拥有近 9000 万个组织样本，包括了医学史上"一些最罕见和最困难的病例"，被病理学家用来诊断和分类疾病。尽管它是基因分析和疾病历史数据的金矿，但它一再受到国防部预算削减的影响，并面临关闭的威胁。详见 Alison McCook, "Shelved"。

③ Kemp, "The endangered dead".

④ 可访问 http://avian.genomics.cn/en/；详见 Kress, "Valuing Collections", 1310。

台收藏了 19 世纪和 20 世纪初拍摄的夜空的玻璃板底片。[①] 我们从中发现了一些独特的天体活动记录，比如超新星和小行星。在发现这些玻璃底片的时候没有人能预见后来通过这一系列图片发现的东西，比如我们现在所知道的类星体的未知能量来源，就是在 1962 年通过研究 70 年前的这些玻璃板底片首次得到证实。

数字信息处理不仅对旧资源进行新的利用，它还挽救了曾经被认为无法挽回的记忆碎片。为推动某一领域的知识而花费巨资开发的技术可能会给其他领域带来意想不到的好处。以大型强子对撞机为例，这是一台原子粉碎机，在 2012 年探测到了希格斯玻色子，这也是人们首次观察到希格斯玻色子。用于记录难以捉摸的希格斯粒子踪迹的成像技术，被用来获取亚历山大·格雷厄姆·贝尔等人的真实声音，和其他一些无法播放的录音通过"可视化声音"，通过捕捉媒介上记录的转瞬即逝的声波。

录音是一项新技术，最早始于 1860 年。[②] 尽管它历史不长，但它在许多方面比那些保存了 2 000 年的羊皮纸手稿更容易腐烂和丢失。将声波振动固定在物理载体上所需的材料非常脆弱，使基板产生声波所需的那些精心设计的回放系统也非常脆弱。声波可以表示

---

① Bhattacharjee, "Stars in Dusty Filing Cabinets".
② 目前已知的最古老的录音是一名歌手在法国录制的名为 "Au Clair de Lune" 的录音。1860 年，发明者爱德华 - 莱昂·斯科特·德马丁维尔（Edouard-Leon Scott de Martinville）制作了这台机器，当时还没有回放设备，所以他从来没有听到自己录下的内容。如需听卡尔·哈伯（Carl Haber）和厄尔·康奈尔（Earl Cornell）的修复，详见 Jody Rosen, "Researchers Play Tune Recorded Before Edison", *New York Times*, March 27, 2008。

为三维物体，比如平面圆盘上的凹槽、涂有蜡的陶制圆筒上的波浪图案，或带有波浪图案的锡箔纸包裹的卷筒。问题是，为了听到声音，唱针需要穿过这些凹槽，每次这样做时，唱针就会磨损圆盘，不管它是漆的、塑料的、铝的、虫胶的或涂有蜡和锡箔，它们在过度磨损后就不能播放了。还有一些圆盘不容易磨损，但容易裂成碎片。这些用来刻录声音的物体太脆弱，不容易在物理上重复播放，我们需要的是在不与之发生物理接触的情况下捕捉物体表面的信息。

2000 年，劳伦斯·伯克利国家实验室的一名实验物理学家偶然发现了高风险的音频问题。卡尔·哈伯当时正在研究"用大型强子对撞机拍摄亚原子粒子轨迹的设备"。在圆盘表面绘制图像，并将图像转换成声波来"播放"会怎么样呢？没有接触，就没有损坏。这种声音甚至可以更纯净、音量更大和噪音更少。哈伯和他的研究伙伴与录音工程师开发了一组技术，称为 IRENE（意思是图像、重建、消除噪声等），即二维和三维图像声音（三维用于圆筒）。[①] 现在，我们可以听到美洲原住民举行部落仪式的声音，这些仪式已经失传；也可以听到亚历山大·格雷厄姆·贝尔在测试他的新机器时发出的声音。鉴证科学意味着现在从任何物质中提取信息几乎有无限的可能性，无论它有多脆弱。

---

① http://irene.lbl.gov/。卡尔·哈伯在声音恢复方面的开创性工作被用于图书馆和档案馆，并在 2013 年为他赢得了麦克阿瑟天才奖。详见 Lou Fancher, "Berkeley Lab's Carl Haber: A Genius in Our Midst", *Berkeleyside*, December 16, 2013。

互联网时代的数据属于谁

记忆存储的旧范式是将我们的思想内容转移到一个稳定、持久的物体上，然后保存这个物体。如果我们能保存这个物体，就能保存我们的知识。现如今这已经不管用了。我们不能简单地将我们的思想内容传递到一个机器上编码成二进制脚本，然后将脚本复制到磁带或磁盘或 U 盘上，把它放在架子上，并期待 50 年后我们可以打开该文件看到我们完整的思想内容。实际上这些文件可能在 5 年之内就会不可读取，如果我们不定期检查文件是否已损坏或数据是否需要迁移到更新的软件中，那么该文件可能在更短的时间内就损坏了。记忆的新范式更像照料一个花园：我们都需要定期管理、更新和周期性地迁移数字代码信息，以确保它能长期保存，不管我们是在一年后使用它们，一百年后使用它们，或永远都不会使用。我们现在还不能确定什么东西在将来会有价值。我们需要尽可能多的保存这些数据。

但是这怎么可能呢？这种模式违背了这样一个基本命题：无论我们在数字领域做什么，都需要能够几乎无限地扩展。为了能够长时间存储拍字节、艾字节和其他数量级的数据，我们将不得不发明压缩数据的方法，类似于用冷冻干燥保存法保存数据，用一些廉价的低级别的处理方法来存储数据，然后在未来某个未知的时间恢复数据。这是计算机科学面临的严峻挑战，我们存储的可能不是完整的文件，而是恢复文件的指南，正如基因组存储的不是动物或植物的信息，而是如何长成特定的动物或植物的指南。在实现长期无限存储信息之前，专家们致力于通过定期将数据迁移到新硬件和软件系统来保持数字文件的可读性。尽管这看起来是一种短期策略，但在最近30多年的时间里，很多相对简单的文本、图像和数字格式（如书籍、照片和表格）都采用了这种方法。

当然，对数据规模的需求带来了第二个问题，那就是我们如何理解所有这些数据。这是一个很困难的问题，但不是不可克服。它将由机器智能来解决，它可以识别一组数据中的模式，从而确定数据在何种情境中"有意义"。（大脑就是这样判断所感知的事物，将实时感知与存储在记忆中的感知进行比较，以确定事物的含义及其重要性。）只有机器才能读取计算机数据，而且只有大型机器才能大规模读取数据。但机器是我们的延伸，是实现我们所选择的目的的方式。我们将设计、建造、编程和运行这些机器。我们将决定如何使用它们，由谁使用，用于什么目的。我们必须理解机器提供的结果。也就是说，我们可以想象把陈述性记忆——事实、数字和任何可以用二进制代码表示的东西——理解成非常复杂但仍然容易处理的东西。机器如何对情感记忆进行编码，表示情感上的激烈、矛盾、模糊，甚至像双关语这样简单的自然语言，都具有不同的复杂性。

建立有效管理大量数据、机器及其人工操作者的系统除了规模问题，也面临着巨大的社会、政治和经济挑战。这些问题不像存储和人工智能等技术问题那样已经在计算机科学家、工程师和设计师掌握中。他们是社会的。数字基础设施不仅仅是硬件和软件、传输和存储数据的机器以及写入数据的代码，它包括整个法律和经济状况，比如为公共利益存储数字档案的资金状况，创造一个灵活健康的数字版权制度，制定法律保护隐私数据同时确保个人和国家安全，以及为数字公民提供终身学习的教育系统，这些都是机器运行的环境。我们要有能力操作我们的机器。但更重要的是，我们需要了解如何创建、共享、使用和最终负责任地保存数字数据，以及如何保护我们自己和他人免受数字剥削。

类似地，每个组织、社会、实验室、摄影工作室、医疗实践、建筑事务所、法律实践、金融服务公司等，都必须管理自己的企业档案。在负有维护特定类型数据的法律和信义义务的专业领域，数据管理和归档系统是标准的操作程序。商业公司，尤其是那些销售版权保护的"创意内容"（音乐、电影、视频游戏）的公司，对其产品的长期命运有完全的控制权，尽管在许多情况下，公共利益总是倾向于保留这些内容，并且在这些内容的商业价值耗尽之后保留它们。[1] 目前，这些公司没有经济上的动力把他们的文化资产交给一个能够确保他们长期向公众开放的机构。在这种情况下，我们可以使用经济和税收政策来确保公共领域文化资料的持续增长。

美国宪法中的版权法是由开国元勋制定的，目的是激励创作者在市场上传播他们的思想。1787 年，版权法的制定者规定，"保证作者和发明家在限定时间内拥有著作和发明的排他权利，以此促进

---

[1] 如需充分地讨论创造性的内容，以及学术、科学和开放的网络内容，见 *Sustainable Economics*。

科学和实用艺术的进步"。他们给予版权所有人 14 年独家传播他们作品的权利，从而在经济上鼓励出版。金钱激励被认为比教会、贵族或皇室的赞助更民主。版权法与新技术和新制度共同发展，但是它前进的步伐通常比创新落后一些。通过图书馆和档案馆向公众提供信息也在逐渐发挥作用，并且随着美国的发展和移民的增加变得越来越重要。鉴于图书馆对国家经济、政治和文化生活的重要性日益增加，著作权法进行了更新，允许图书馆向公众出借受版权保护的内容，也允许公众复制保存这些内容，以便多次阅读。

然而，在数字时代，图书馆和档案馆保护和获取知识的根本使命面临着风险，因为没有有效的版权法豁免涵盖数字数据的特定技术保护需求。在市场资本主义中，出版商、电影制片厂、唱片公司和其他商业企业在其内容失去经济和商业价值或成为公共财产后，仍然想要保留其内容是不现实的。这就是图书馆所做的事情。著作权法中也没有一项条款允许图书馆以数字方式出借图书、电影和录音制品，这一条款与现行的印刷资料条款不同。①

---

① 美国的《著作权法》第 108 条授予图书馆和档案馆免于版权保护的权利。图书馆和档案馆被允许复制他们的收藏品——书籍、照片、黑胶唱片等，以便保护这些内容。这意味着，一本仍受版权保护的书在书页腐败脱落时，图书馆或档案馆可以对它制作缩微胶卷、数字拷贝或复印本，以保证这本书仍然可以阅读。这种豁免适用于模拟材料，需要针对数字世界进行更新，在数字世界中，从技术上讲，每次从硬盘中拿出一个数字文件，它就是一个"副本"。2008 年 3 月，美国版权局和国会图书馆联合发起的一份报告提出了一些建议，以解决保护数字内容的障碍。详见"The Section 108 Study Group Report"。美国《著作权法》的另一些条款允许图书馆购买受版权保护的材料的实体拷贝，并向其资助人提供有限期限的借阅。这种"首次销售"原则允许人们将合法购买的书籍送给他人，并利用书店来销售书籍。他们卖的是书籍的拷贝，而不是内容的版权。

万维网不是图书馆，它是一个布告栏。计算机科学家蒂姆·伯纳斯-李（Tim Berners-Lee）最初设计它的初衷就是将它作为一种中立的交换媒介，这一初衷一直延续至今。在互联网上重建传统的公共图书馆将是一个挑战，因为公共图书馆的存在很大程度上是为了使公众能够阅览版权期内的材料。目前的版权法，特别是允许公共图书馆出借其资料的规定，并不适用于数字图书或其他数字形式的内容。这意味着任何受版权保护的资料，即使是图书馆拥有的，未经版权所有者的明确许可，也不能放到网上。这包括自 1923 年以来在美国出版的所有形式的表现意图和目的资料，包括视听资料。考虑到版权扩展的历史，这意味着 20 世纪有相当长的一段时间都是黑暗的。自 1923 年以来创作的作品仍然受 1998 年的《桑尼·波诺版权期限延长法案》（Sonny Bono copyright Term Extension Act）保护，2019 年甚至更晚后才会公版。

我们已经清楚版权法和合同法的法律制度到底在哪些方面需要进行必要修改，但修改的速度会比较慢，因为修改需要平衡私人利益和公共利益，美国国会必须采取相应的行动。我们尚不清楚的是有哪些经济模型证实信息的价值，包括短期价值和长期价值，也包括创造、使用和保持信息可用的成本。[①] 例如，互联网上开放的许多内容都是"免费"的，这实际上意味着用户无须直接向创作者支付任何费用就能使用这些内容。这并不意味着维护维基百科的专家、

---

① 详细的分析数字数据保存的经济模型，见 *Sustainable Economics*。

撰写博客的学者，以及参与纽约公共图书馆的众包项目整理古老档案并放在网上的普通大众没有贡献宝贵的时间和精力。决定谁拥有什么信息——甚至哪些信息是公共的，哪些是私有的——准则仍然是一个有很大争议的问题。有些人建议，每一个向开放网络提供信息的人，其信息每次被用于商业目的时，都应该得到一些小额补偿。事实上，如何确定网上信息的经济价值，人们还没有达成共识（目前看上去可靠的规则是人们愿意为数据支付多少钱，这些数据就值多少钱）。对于某些数据尤其如此，比如在消费点评类网站上的评论或在 Craigslist 这样的公告栏上张贴的分类广告，这一类信息是用户为了某个目的免费上传的，供第三方用于不同目的，比如用于人口统计分析。这些网站的隐私政策会告诉用户他们所贡献的数据可能会发生什么，所以是否添加数据的最终决定权在贡献者手中。尽管如此，数据仍然会在很大程度上被滥用，而且最终可能会是人们不愿提供数据。

互不相联的互联网

建立弹性且无处不在的数字存储系统需要时间，需要同时投入人力和资本来建立模型和测试方法。在前进的道路上总会有侥幸的时候，但失败也会很有教益。在人们和企业还不知道哪种商业模式有助于增长、哪种会摧毁增长之前，他们就已经在争夺权利和收入来源，从而引发社会、政治、经济和法律方面的争论。我们仍处在数字时代的早期，要理解技术的力量和局限性，最好的方法就是恰当地使用它。与此同时，在数据存储系统完善之前，个人做出改变的机会几乎是无限的。

由于互联网的分布式特性，它成了前所未有的收集器。哪些内容在数字时代有价值，哪些没有，关于这一点目前在文化上还没有一致认可的标准，因此大规模收集内容的个人和小型组织将有助于确定这些内容在未来的价值和真实性。新的数字历史学家、图书管理员和档案管理员正在积极收集和保存他们认为具有长期价值的在线信息。体现这种远见的最早的例子之一始于2001年9月11日之后的几天。人们纷纷涌向网络，表达他们的感受，分享他们目睹的事件。乔治梅森大学历史与新媒体中心的一批历史学家率先建立了一个网站，征集有关"9·11"恐怖袭击的个人感想，包括原始的、罕见的、无价的目击者感想。①这个早期的众包文档由该中心的历史学家收集整理，然后转到国会图书馆供未来的人使用。这是国会图书馆获得的第一个数字数据馆藏，集合了私人和公共目的，委托了一个公共支持的图书馆管理。

伟大的收藏品都来自伟大的收藏家。从1996年到2014年，互联网档案馆收集和保存了超过4 500亿个网页。在很大程度上，档案馆是未来研究图书馆的一个预览，它收集和保存了大量的公共数字内容供将来使用。除了保存重要的网络通信，互联网档案使人们能够存档个人数字收藏。它还允许免费上传数字文件，以及扫描书籍、

① 可以在罗伊·罗森茨威格历史与新媒体中心的网站上找到，见 http://lcweb2.loc.gov/diglib/lcwa/html/sept11/sept11-overview.html。

电影、电视和各种模拟材料，以扩大访问范围。全球从事收藏业务的国家图书馆、档案馆和研究机构建立了一个联盟，以协调和扩大它们的数字收藏范围。但到目前为止，还没有其他组织像这个小型非营利组织一样成功。互联网档案馆是一个典型的初创企业，它敏捷、机会主义、被强烈的野心和惊人的愿景所驱动，这正是互联网文化本身所具有的非营利性模式。

众包收集依赖于开放的网络，就像 19 世纪的美国西部一样，然而这个曾经开放的领域正在迅速封闭。如今，网络越来越受到商业实体限制，这值得我们警觉。它完全被忽略了，成了局外人，越来越多的数字内容通过封闭的专有系统传播，或通过与特定操作系统、软硬件结合的应用程序传播，比如苹果公司在移动设备上率先推出的 itunes，以及紧随其后的亚马逊 Kindle 电子书阅读器，都是这一模式。从某种程度上说，这些变化源于几家主要科技公司争夺市场份额的争斗，市场最终将决定哪些服务是消费者最需要的，他们希望如何提供这些服务，以及他们愿意为这些服务支付多少钱。我们已经看到移动设备取代了台式电脑、笔记本电脑、照相机、音乐播放器、固定电话、地图、地图册、手表、期刊和报纸，成为最新的信息传播渠道。

在杰斐逊看来，获得有组织的知识是促进人类进步和福祉的必要条件。在发达国家，市场资本主义发挥着重要作用，但不包括对公共产品的长期投资。谷歌吹嘘他们为世界组织知识。但是杰斐逊和开国元勋们提出，获取知识的组织应该是一个公共事业机构，完全由人民拥有和自治。除非有能力创造、传播和拥有内容的私人实体与有能力长期进行管理的非营利机构之间进行交接，否则我们在数字时代将很难避免集体失忆。

第三部分 ——

我们将去何处

现在，就在此刻，某种新事物正以前所未有的规模诞生：人类作为一股意识到自己超越自然的基本力量，因为人类是靠对自己的记忆而活的，即是说，活在历史中。

——切斯瓦夫·米沃什，《诗的见证》(*The Witness of Poetry*)

第 10 章

活在记忆里

公共机构保存的档案文件会受到时间的侵蚀，也会因意外而保管不善。近来的战争更是造成了巨大的破坏。这些破坏都无法挽回，但我们可以尽量保存留存下来的。但不是把它们放在保险库里锁起来让它们远离公众的视线，也不是用于一些浪费时间的用途，我们应该大量复制，使它们不受意外事故的影响。

——托马斯·杰斐逊致埃比尼泽·哈扎德，1791 年

预见不可预测的未来

正如托马斯·杰斐逊所期望的那样，今天科学家、工程师和技术人员在推进知识发展和促进知识在我们生活中的应用上发挥着主导作用。在 21 世纪，我们通过分裂一个原子来释放大量能量，通过基因编辑来改变生命的脚本。正如杰斐逊所预料的那样，知识的每一次进步都带来了新的权力和责任。他建立了一座图书馆以确保人

们能获取知识，以便我们更好地管理自己。但是，知识的规模如今已超过了杰斐逊的图书馆，一个多世纪以前，这个图书馆曾雄心勃勃地想要收集印刷品来理解人类的所有知识。而技术所要求的信息量在不断激增，我们往往对知识一知半解，更不用说对知识承担责任。未来五十年，数字记忆将如何塑造我们的世界？

数字技术时刻变化着，并且会继续变化，只要科学家还在不断深入了解自然和人工记忆，工程师仍然在设计、测试和重新设计硬件和软件，开发者不断向市场推出新产品。目前，我们就像处于人生最尴尬时期的痛苦青少年，意识到我们拥有越来越多的力量，却不知道如何使用，更不用说控制它们。就像青少年一样，我们发现未来以及未来的可能性如此诱人，以至于我们很少回顾过去或忽视了过去。第一代"数字原住民"甚至还没到中年——在这个年龄，人们才会开始反思、盘点自己做过的事、尚未完成的事，以及希望别人在他身后如何评论他。只有与数字存储共处数十年，才能揭示在屏幕上阅读与在纸上阅读有何不同，数字音频记录如何影响我们的听觉感受，以及无处不在的信息如何追赶我们，而不是反过来改变我们的思维习惯。

信息过载的影响会很快消失。对于每一个出生在 21 世纪的人来说，数字景观是一种给定的、自然的状态。数字原住民意味着这一群人不会觉得丰富的信息是过载。他们从小就习惯了大量的信息，并能够本能地过滤信息。在城镇人行道上快速扫视一下，你就会发现，如今最常见的过滤形式是一种隐喻性的"耳塞"：只从自

己选择的信息渠道 ——无论是发短信、上网、听音乐，还是其他形式 —— 了解信息。耳塞使我们在嘈杂的环境中恢复了自主性。过去的记忆 ——电脑出现之前的生活 —— 正在消失，最终会像我们对电报的集体记忆一样变得模糊。门铃响了，一个身穿西联汇款制服的男人给我们带来一条来自远方的紧急信息，我们又惊又喜，但这一幕不过是历史上的一个小插曲。

信息膨胀已是旧闻，它不过是新的信息技术带来的一波动荡，可预见，也最终会消退。活字印刷的发明促进了人们在意识和行为上的变化，使同时代的人感到震惊、害怕和激动。从 15 世纪 50 年代到 16 世纪 30 年代及以后，知识的景观处于持续变化中。只有在回顾这一段历史的时候，我们才会看到这种转变，因为即使印刷品的数量增加了，手稿仍然继续用手抄写。蒙田所处的时代已经经历了两代"印刷时代的原住民"，此时欧洲人已经不用担心印刷的书的数量，而更多地为书的质量而烦恼。对他们来说，大量印刷的书是天经地义的事实。五个世纪过去了，印刷品所带来的变化 ——无论是好的还是坏的 —— 也只有历史学家明了，其他人并不在意。印刷术的革新已经完全被驯化。我们不会认为印刷书籍也是一种"信息技术"。然而，曾经书被认为是传播思想的强大技术，是煽动情绪的危险工具，而政治和宗教权威都想阻止妇女和奴隶阅读书籍。

数字记忆的好处层出不穷：家人和朋友之间交流更加快捷，使政治活动人士具有极强的组织力，制造和分销产生规模经济，使人们更容易获得文化资源和教育，以及人们能够在购物时轻松比价。

而数字记忆的缺点也已得到确认：可怕的高效监控，无法察觉的私人数据盗窃，当然还有玩游戏和面对巨量信息时损失的不可估量的生产力。我们如何决定什么该保留，什么该舍去呢？一方面，我们对数字数据的经验告诉我们，要遵循托马斯·杰斐逊对埃比尼泽·哈泽（Ebenezer Hazard）的建议：多复制一些，分散开来，以防损失。另一方面，经验也告诉我们，数据过多和过少一样糟糕。爱德华·斯诺登揭露美国国家安全局之后，我们才知道该机构收集并拥有如此大量的数据，其中有大量数据是保密的，而美国国家安全局甚至无法用这些数据来实现他们的目的。一名前美国国家安全局的科学家说，工作人员"淹没在数据中"，经常错过可能有意义的信息。[①] 数据的绝对数量使得它从本质上是不可控的，不可能检测的，更不用说阻止数据的滥用。

在未来的 50 年里，我们面临的风险显而易见，我们身处一个为我们无阻碍地提供信息、保护我们的隐私并在我们逝去后记住我们的数据世界。它很可能带来投机，而不是预测。丹尼尔·卡尼曼指出，我们对未来的预测往往过于自信。"我们倾向于对过去构建合乎逻辑的叙事，并深信这一叙事，于是我们便看不到自己的预测能力是有局限的。人人都是事后诸葛亮，并且我们无法压制这种事后诸葛亮，它是一种强大的直觉，它让我们在事后觉得一切都是可以预测的。"集体记忆的演变，从为了解决记账问题而产生的楔形文字，

---

① Julia Angwin, "NSA Struggles to Make Sense of Surveillance Data", *Wall Street Journal*, December 25, 2013.

到记录内心深处秘密的图书，似乎是一个合乎逻辑的过程 ——不简单，某种程度上是不可避免的。也就是说，现在的某些趋势正在塑造我们的未来。

　开放但保护隐私，在数字代码中嵌入民主价值观以支持公共利益，同时促进私营部门的竞争和创新，我们的这些双重愿望会产生反复的冲突。此外，我们还面临注意力分散的风险，被大量新奇事物所诱惑。我们还会患上健忘症，轻视或忽视过去。如果分心占上风，我们就会遭受像 S 一样的命运，积累了大量的事实数据，却失去了所有的目的和意义。如果健忘症盛行，那么我们就会随随便便地让人类记忆全部毁灭，告别人类 6 000 年的书面记录，像爱丽丝·默多克一样，我们的想象力便会枯竭。

　但我们是适应性很强的生物。数字记忆的缺陷 ——不依靠耐用的实物、不受时间地点的限制、不能真正久远 ——将以三种重要的方式塑造我们的世界模型和未来愿景。首先，我们会越来越了解过去是如何创造未来的，我们将利用这些知识来加速数字基础设施的发展，为集体记忆和个人记忆提供更安全的管理，并降低丢失过去记忆的风险。其次，我们将了解大自然自我组织的复杂过程，并利用它们来组织我们的数据世界。第三，也是最重要的，我们将把更多的记忆、搜索和检索任务交给比我们更擅长这些任务的机器，从而在我们的大脑阁楼里腾出空间来培养我们的情感和想象力 ——在一个机器驱动的世界里，这些能力是必不可少的。这一切都不是注定的。但如果我们能保证人们可以在一个全球范围内开放且能平等访问的网络世界中持续访问人类的记忆，所有这些都是可能的。

我们能承受什么损失

关于数字存储的好消息是，我们根本不需要丢失太多的信息。相反，我们可以生成和使用无限数量的数据。的确，我们还不知道如何无限期地保存它。25 年后、50 年后，我们可能会觉得我们现在的搜索和过滤数据的能力很原始。通过成像技术获取大量信息——例如蜡筒上的声音记录或者读取旧生命形式的基因数据——的能力将会飞速发展。尽管我们关心和管理数据的能力总是落后于我们生产数据的能力，但尽可能多地保存数据的观点几乎是不容置疑的。

生物记忆的逻辑是非常保守的。成功的物种在繁殖方面足以抵御所有的"坏运气"。鸟类在丰年繁殖得更多，在贫年繁殖得更少，但在所有年份里，它们的繁殖量都超过了它们可以获得的食物，因为捕食者会入侵鸟巢捕食幼鸟，雏鸟会吃掉兄弟姐妹，而暴风雨会把它们全部击倒在地。如果栖息地突然发生变化（由于伐木而失去森林或以 DDT 中毒的昆虫为食而失去卵），他们将无法存活。就像 6 500 万年前小行星撞击地球，恐龙无法生存下来一样。如果不大量冗余地复制，每个生物的代码将处于危险之中。这个故事告诉我们，在自然界中，多总比少好。

我们的人工记忆也是如此。媒介越脆弱，越需要冗余。迄今为止，我们所发明的任何东西都没有数字数据那么脆弱。我们曾尝试用黏土、石头、纸和羊皮纸等人工制品来欺骗死亡，这些人工制品比我们的记忆牢固，能够保存几百年、几千年。现在我们创造的存储媒介可以最大限度地增加容量，但是耐用性却没有增强。苏美尔抄写员站在他们想象的时空中俯视着我们，他们会惊讶于我们在记录世界方面所取得的进展，这些记录远远超出了扩展人类记忆的叙述、史诗和祈祷，他们也会惊讶于如今能读写的人的数量，而且这些人能够在全球范围内即时传播自己的想法，他们会惊叹于我们能够在体积和耐用性之间做出如此轻松的权衡取舍。

但我们可能不必永远做出这样的权衡。我们现在进入了一个记忆的实验，这在几十年前是无法想象的：我们要把最原始、最紧凑、最持久的记忆形式 DNA 分子用数字数据进行编码。瑞士的一个研究小组"设计了一种将 DNA 链封装并保护在二氧化硅玻璃中的系统。除此之外还有额外的代码（冗余），以纠正在写入、存储和读取数据时出现的错误"。[1] 他们进行了测试，模拟相当于 10 摄氏度下 2 000年时间长度的环境条件，这个存储系统可以将数据保存下来并可读取。这个概念的成功是人工记忆发展的重要一步。话虽如此，DNA成为长期保存的标准还需要一段时间。并且 DNA 是可自我复制的生物的编码，篡改 DNA 会引发一系列道德问题，这是在 DNA 能"解决"数字存储之前需要公众广泛讨论的问题。但是自从科学家们意

---

[1] "Long-term storage in DNA", 276.

识到硅的存储极限迟早会到来的时候，生物存储就一直是他们关注的焦点。①

而且这还不够快。我们是一个充满好奇心的物种。我们希望数据越多越好，就像孩子希望巧克力牛奶越多越好，而我们看到的数据总是比能消化的数据多。2014 年，欧洲和美国同时启动了两个项目，目的是绘制和模拟人类大脑，分别是欧洲委员会的人类大脑项目和美国大脑计划。一位科学家在回应这两个项目在进行大规模大脑测绘所面临的挑战时说："与它们的挑战相比，谷歌的搜索问题看起来就像小孩子的游戏。大脑神经元的数量与互联网页面的数量大致相同，但互联网页面仅以线性方式链接，而大脑的每个神经元能够链接到数千个其他神经元，而且是以非线性方式链接的。"② 1 立方毫米的脑组织能产生 2 000 兆兆字节的电子显微镜数据，而大脑平均容量为 1 100 万到 1 200 万立方毫米，我们将把所有这些信息存储在哪里？③ 因此，我们肯定会收集更多，而不是更少。矛盾的是，我们创造的越多，我们就越不能承受损失。我们所处的这个技

---

① 正如《自然》(*Nature*) 杂志最近报道的那样，摩尔定律 (Moore's law) 预测存储器容量每两年翻一番，现在已经达到了物理极限。"More from MooreNature"，5，April 23，2015，408。

② "人脑在 30 秒内产生的数据量相当于哈勃太空望远镜在其有生之年所产生的数据量。"引自 Konrad Kording，Abbott，"Solving the Brain"，274。美国大脑计划在 2013 年得到了资助，并获得了 1 亿美元启动。同年，欧共体宣布了其长达 10 年的人类大脑项目，第一年的资金为 5 400 万欧元。

③ 如需快速了解大脑成像部分，见哈佛大学的研究计算：https://rc.fas.harvard.edu/case-studies/connections-in-the-brain/；http://theastronomist.fieldofscience.com/2011/07/cubic-millimeter-of-yourbrain.html。

术密集型的经济、政治和文化基础设施都严重依赖安全可靠的数据，这些数据涉及方方面面，从我们的网上报税和银行存款，到有毒废物掩埋场的位置和核弹代码。对数据的安全访问反过来又需要可靠的能源。

我们如何记录现在决定了未来

杰斐逊和他的同僚们相信：自由获取信息是个人自治的唯一保障，无知和隐瞒是对自由的根本威胁，因为它们损害了我们的自主权和选择自由。正因为如此，他们建立了一个由公共财政资助的国家图书馆。国会图书馆通过版权登记和保管程序，为今世后代保存了美国思想和创造力的记录。与所有公共图书馆一样，读者可以在国会图书馆自由获取信息，而他们的隐私和搜索记录则受到保护。然而，对大多数人来说，最重要的图书馆不是在首都，而是在他们当地的社区。互联网的发展不应该以公共图书馆为代价。相反，我们应该思考的是，互联网能比去当地图书馆更有效地提供哪些服务，以及当地图书馆能提供哪些只有它们才能提供的独特服务。我们不应该把互联网和地方图书馆视为"非此即彼"的存在，而应该把它们想象成一种共生关系。

互联网跟综合性图书馆一样范围广泛，但它不具有图书馆在访问和隐私上的那些规则。付费和密码使我们无法访问众多内容，而我们的访问痕迹会留在浏览器的历史记录中。要在网上建立一个类似美国国会图书馆或亚历山大图书馆的东西，我们需要一个给我们访问信息提供便利的互联网，它能够提供比谷歌更全面的搜索功能，并添加互联网档案网络的关键后端，以确保数据的持久性。读者和研究人员可以使用便宜的无处不在的光纤联网，它应该作为一种公共事业进行管理，以确保公平的接入网络。公共图书馆的阅览室对所有人开放，并且保障使用者的浏览隐私，互联网的类似空间也应该在开放的同时保障隐私。

这似乎是一个复杂的愿景。但是，全球范围内的公共和私人图书馆和档案馆所形成的庞大系统也同样复杂，但这个系统在图书界行之有效。这里概述的问题，从数字版权、数据隐私、在线图书馆借阅到大规模数字化和数字保护，动员了许多信息专业人员采取一致的行动。无论是好是坏，惊动一时的数据泄露、政府的间谍计划、上诉法院的有争议的版权诉讼，以及每天都在发生的个人和商业数据丢失，也让公众意识到了这一点。这种认识创造了对安全、可靠的数字基础设施的需求，这是大规模应对这些挑战的第一步。

对大多数人来说，数字信息基础设施最明显的组成部分是互联网搜索，这基本上是商业技术巨头的领域。改善搜索非常困难且昂贵。好消息是，存档是数字基础设施中最便宜的部分之一。谷歌雇用了超过 50 000 人（尽管我们尚不清楚有多少人在解决与搜索相关的问题）。互联网档案馆是一家非营利性企业，由个人捐款和基金会赠款支持，拥有 140 名员工。到 2014 年年底，互联网档案馆已经存档了 "20PB 级的数据，包括 260 多万本书、4 500 亿个网页、300 万小时的电视节目（其中有 67.8 万小时的美国电视新闻节目）和 10 万个软件应用程序"①。它每天接待 200 多万名访客，是世界排名前 250 位的网站之一。它的搜索机制——时光机（Wayback Machine）——查找的是统一资源定位符（URL），而不是单词，因此与大多数人用来浏览网页的搜索引擎相比，它的速度和功能都非常有限。即便如此，人们还是会通过搜索历史——通常是他们自己的——或者从维基百科上找到链接，维基百科是全球第六大流量网站。2013 年的一项研究报告称，大约 65% 的人会在时光机上搜索已经消失的网面。②（今天，一个网页存在的时间平均为 100 天，它们要么完全改变了，要么消失了。）

互联网档案馆有充裕的空间来尽可能多地收藏数据，它面临的主要限制在经济方面。如果能复制收藏全世界的信息并得到充足的资金支持，我们能够获得一个覆盖所有语言和各类信息的全球性互联网档案网络。建立这样一个可以公开访问的档案网络，21 世纪的历史才不至于留下大规模的空白和沉默，我们的集体记忆也才能避免像阿尔兹海默症患者一样缺乏可靠性。

保障存档数据可以访问并确保数据在长期内可读是一个复杂的技术问题，在很大程度上这个问题是可处理的。但是没有数据，就谈不上访问。很难解释为什么在这方面的投资（公共的和私人的）这么少，因为保存数据能带来长期回报，而大部分技术资金都用来

① 资料由排名前 250 的网站 Wendy Hanamura 提供，见 www.alexa.com/siteinfo/archive.org。
② AlNoamany et al.，"Who and What Links to the Internet Archive"，11。

投资能带来短期回报的应用程序了。罪魁祸首是我们目光短浅，只关注短期回报，受奖励短期思维的经济激励的怂恿。财政激励是公共政策的问题，而不是自然法则的问题，我们可以改变公共政策来鼓励资金更多地投入数字基础设施。

谷歌和互联网档案馆都可以追溯到上个世纪末，那时网络规模还很小，既没有互动媒体，也没有社交媒体，技术专家形成的早期圈子里都是抱着乌托邦式抱负收集、组织和服务世界信息的人。搜索引擎和互联网档案馆的想法都很宏大。但他们考虑的是完全不同的时间范围。对于短期访问，仅以谷歌为例，它在容量和性能方面无可匹敌。然而50年后，谷歌将面目全非，难以辨认。它要么被取代了，要么变成一个完全不同的公司，只有这样才能保持竞争力。一旦有足够多的人认识到信息是一种新能源，搜索本身就会作为一种公共事业来管理。只要搜索引擎和苹果、亚马逊等内容供应商仍在一个竞争激烈的领域中运营，它们的成功就会来自于封闭，它们把自己封闭在保密协议的自我保护文化中，利用客户数据销售广告以及将内容授权给短期用户。

互联网档案馆是一个非常不同的组织，它时刻面临着失败的风险，但永远不会被取代。档案的数字化保存要想成功，互联网必须是开放的，而不是封闭的。和互相竞争相比，内容增殖与关联才能使档案成功。档案的资产永远不会因为政治、经济甚至隐私原因而被删除或消灭。控制数据访问的理由有很多，从保护个人隐私，到封锁濒危物种的位置或考古遗址，以保护它们不受捕食和破坏，并且这些理由往往也很有说服力。纸上的档案通常会在有限的时间内遵守禁令，比如说，直到档案中提到的人去世。

数字记忆将决定我们如何了解自己的过去，如何接触到其他人类历史的多样性，以及当我们逝去后后人如何记住我们。从罗马帝国的覆灭到文艺复兴之间的这一段时期，人类代际对话的传承被打断了，在数千年间几乎完全沉寂下来。而当对话复兴、转变，到印刷的兴起，它的影响已经远远超出了它在地中海盆地的起源。现在，有了互联网，我们可以继续这样的对话，我们可以把过去的材料数字化，也可以以不同的历史经验和对未来的期待，跨越多种语言和文明。尽管将互联网内容存档的梦想源于理想主义和乌托邦式的抱负，但在现实中，它正在演变为保证对话能够继续进行的最有效和最经济的方式之一。网络上传播的复制品能够增加这些信息保存下来的机会。的确，有了这么多冗余，就会出现版本控制的问题。正如计算机工程师喜欢说的那样，在巨量的信息中进行搜索并非易事。但无论多么复杂，这些都是技术问题。

真正的挑战在于让人们抛开他们的时间沙文主义，关注长远的过去和未来。尽管在数字时代的早期，未来主义者的热情普遍高涨，但我们现在看到，过去比以往任何时候都更有价值。正如杰斐逊所理解的那样，正是因为我们关心未来，我们才必须了解我们的过去——所有的过去。这可能就是为什么恒今基金会（Long Now Foundation）鼓励人们进行长远思考。恒今基金会 1996 年在旧金山湾区科技产业中心成立，它的使命是鼓励人类作为一个物种思考人类在千万年中的雄心和挑战。目的是提醒我们，我们的行为是有后果的。基金会的项目促进我们对未来情景的思考和对我们必须承担的责任的预测，也即我们的行为在很长一段时间内的后果。这些项目包括濒危语言文献（罗塞塔项目），保护和努力恢复濒危或灭绝的遗传密码，包括旅鸽、黑足雪貂和长毛象的遗传密码（"复苏"项目），以及文明手册。

超越视觉

侦探的守护神夏洛克·福尔摩斯警告华生说："没有什么比一个显而易见的事实更能迷惑人的。"[①] 这符合我们对记忆的新理解：事实，尤其是大量事实，如果用在错误的情景中，可能会导致误导、分散注意力和妨碍理解（在 S 的案例中，S 积累了很多信息，却没有办法把它们排列成连贯的模式或叙述）。收集数据的目的是尽可能准确地描绘出一幅世界图景，而这种精确需要慢速思考，而不是快速思考。当这些数据组装起来的时候，大脑就可以在日常生活中快速、安全地使用这个世界的图像，无论是过马路还是在招待会上对某人产生第一印象，都需要快速思考。事实只有在复杂和动态的系统中才能找到价值和意义。

从生态学到经济学的所有科学学科现在都专注于研究相互作用——混沌、复杂性和意外。有关记忆的神经科学通过应用还原

---

① Doyle，"The Boscombe Valley Mystery"，in *The Complete Original Illustrated Sherlock Holmes*.

论技术（研究一个系统的最小组成部分）来了解大脑的基本组成部分——如树突、轴突和髓磷脂，并且已经取得了很大的进展。考虑到这一快速进展，正如一位从业人员所说，现在"是时候将分子和细胞水平的分析与系统水平的分析联系起来了，这种整合是记忆科学面临的主要挑战，除了新方法外，可能还需要时代精神（zeitgeist）的改变或方法的融合"[1]。

物理学家罗伯特·劳克林（Robert Laughlin）声称，物理科学也已经坚定地从还原主义方法转向了系统分析方法。"这种转变通常被大众媒体描述为从物理学时代向生物学时代的转变，但这并不完全正确。我们所看到的是一种转变的世界观，我们原来的目的是通过将自然分解成更小的部分来理解自然，如今已经变成理解自然如何组织自己。"[2]

换句话说，这是知识的下一个进步，它将不仅是研究组成要素的变化，而是改变本身，是结合在一起创造了复杂行为和现象的过程。例如，为了研究气候变化，许多领域的专家聚集在一起，研究大气、海洋、火、冰、能源生产和消费的生物周期之间的相互作用。研究自然和生物是如何组织起来并随时间变化这一问题需要大量的历史数据。就像古代的苏美尔抄写员一样，他们在研究商业经营的过程中收集了大量的文件。数据的价值主要在于随时间推移能够重复使用。这就是为什么美国主要的科学资助者国家科学基金会和国家卫生研究

---

[1] Dudai, "A Journey to Remember", 157.

[2] Laughlin, *A Different Universe*, 76.

院现在要求他们资助的研究人员管理、保存以及与他人分享数据。

搜索引擎的业务是基于对他人数据的重复利用而建立起来的，它们的未来也押注于管理和保存所获得的数据。谷歌管理大量数据，而其中有多少是专有信息。众所周知，截至 2013 年，该公司在数据中心上花费了 210 亿美元（数据中心专门处理和存储数据以供公司使用）。[①] 存储数据的成本取决于能源成本。它需要大量的机器，产生大量的热量，并需要工业强度的空调系统来保持数据星球的运转。垄断了搜索引擎、社交网络和购物的科技公司最适合开发长期存储数据的技术，这并不是因为他们是第一批理解数据价值的公司，而是因为他们最善于利用新技术。这些科技公司正在开发依靠机器来记录、保存和理解数字数据的集体记忆系统，在商业保密的条件下。这些私营企业和国家安全产业共同有助于将我们集体记忆中大部分未知的部分留存下来。他们也在开发从现有资源中提取更多信息的技术。

在数字时代，公司与公司之间争夺的关键经济资产不是我们的劳动力，而是我们的数据。对于数据密集型产业和国防来说，他们的主要资产就是从我们这里获得的数据。商业公司或多或少是在征得我们同意的情况下收集这些信息的，尽管普通用户点击许可协议并不能被认为是真正的"知情同意"。就国家安全而言，爱德华·斯诺登的爆料让全球公民注意到，我们的数据在未经我们知情或同意的情况下

---

① 现在，谷歌云平台正在与亚马逊网络服务、微软和 IBM 在企业数据分析和其他云服务方面展开竞争，它在计算能力方面更加开放，包括数据备份。见 Quentin Hardy，"Google is Its Own Secret Weapon in the Cloud"，*New York Times*，June 1，2015。

被收集和使用。在这两种情况下，控制大量智力和金融资本对于解决网络世界的长期信息挑战至关重要。不论是私人商业公司，还是国家安全机构，都没有以透明或直接向公众负责的方式运作，这本身就是我们集体数字记忆在未来可能会面临的一个重大风险。不过，已经有越来越多的批评者质疑公司使用我们的数据是否恰当，甚至有人谴责政府在保障国防时滥用我们的隐私和信任。在未来的十年里，这两个问题将在公共政策领域引发越来越多的争议，它们将是选举中的关键问题，诸如如何解释现存法律中关于隐私的定义和数据所有权（包括版权和许可问题）的规定，也需要法院做出最终决定。

　　然后，当围绕数据的权利的关键操作规则得到定义和规范化之后，我们将看到围绕数据使用的另一波社会和技术创新。（在这一点上，我们可能会使用"社会技术"这个词，因为我们将会看到许许多多的技术创新——比如移动计算——会改变人们的行为，而行为需求又会刺激技术反馈。）这些创新将为旧的数据提供新的价值。到那时，公众和私人对安全可靠的数字内容的需求将会激增。持续对数字基础设施进行的长期重大投资将证明它才是繁荣社会的关键，正是对数字基础设施的投资才不至于使我们的社会在网络战中挣扎、落伍、无法保护公民。

机器为何需要我们

　　我们已经通过实证科学发现，记忆是一个动态的过程，受到情感的强烈影响，并在大脑中空间化，这些我们都与古希腊人无异。

但是，我们在其中一个领域仍然处于落后状态：为了知识本身而进行的知识培养，而不是为了操纵自然或获得投资回报等实用目的。希腊人认为想象力是无知的神圣产物，是来自记忆女神的礼物。西方科学是两种观点结合的产物，一种是希腊人对知识本身的热爱，另一种是基督教的观点，认为创造的知识给我们带来关于造物主的知识，两者的交集是美与善。美丽和美好的事物可以被看作是其本身的目的，也可看作是神的启示。

当我们破解了自然的密码，知识的实用性开始掩盖它的美丽。以杰斐逊为例，他是典型的科学和技术爱好者。在他看来，富有想象力的艺术是为了给人带来快乐，尽管这些快乐也不是太多。他向一位朋友抱怨说："良好教育的最大障碍是人们对小说过分热情，他们的时间都浪费在阅读小说中，这些时间本应有指导地使用……其后果是膨胀的想象力、病态的判断，以及对生活中所有真实事物的厌恶。"在他的图书馆中，关于想象力或美术的分类是他全部三个类别的藏书中规模最小的，只占他所有藏书的20%。① 美国有一种文化

---

① 索尔比（Sowerby）列出了 4 930 种图书，其中 757 种属于美术类。（她以书名计算种类，而不是按册数）美术类以杰斐逊最热爱的建筑为特色。他有许多关于建筑历史、理论和工程方面的书籍，特别是关于他的偶像帕拉第奥（Palladio）的书籍，其中还有大量建筑设计和建造方面的论述。他还收藏园艺、绘画、雕塑方面的书；以及乐谱（他拉小提琴，他女儿弹键盘）；还有少量文学类藏书，包括诗歌、戏剧和说教作品。他收集了从亚里士多德到康狄拉克的逻辑学书籍，布道概要，政治演讲，以及关于悲剧和喜剧的随笔，有插图的旅行书籍——所有这些都归类在美术类别之下。但是这位蒙蒂塞洛庄园的建筑师是一位实用的未来主义者，他在建筑和景观方面的藏书非常丰富。杰斐逊预言，美国人口将每二十年翻一番，美国人将需要建造许多房屋。

偏见，认为工具性知识是一种神圣的传统，这几乎根植在美国政治领袖的观念中。即使在内战期间，虽然亚伯拉罕·林肯的道德想象力是解放奴隶的关键，他仍旧是一位技术爱好者。1859 年，他对威斯康星州农业协会谈道："发现崭新的有价值的东西能够给大脑带来无与伦比的愉悦。"①

互联网的作用是巨大的。与此同时，它鼓励人们追求好奇心本身，并使之民主化。与其谴责花在追求好奇心上的时间 —— 在网上或其他地方 —— 浪费了生产的时间，还不如鼓励人们追求好奇心驱动的问题。有益于知识培养的培养活动，实际上会加深我们的想象力，而工具性争论的风险也有助于激起我们的好奇心，使我们减慢步伐并产生不同的思维模式和信息处理方式。创造力源于精神的暂停状态，在这种状态下，知识什么都不是，注意力是一切。

所以我们如何看待使用机器进行思考呢？我们正迅速进入一个人工智能替代人类完成任务的时代，它们建立、管理、使用数字数据的任务，而这些任务以往只有人类能做到。机器能够复制人类智能的逻辑功能，并且比人类做得更快更好。运用精密的编程，它们能够从混沌的信息中推断出模式，根据我们的喜好做出精准的预测，能够找到起点到终点的最短路线，算出比最精明的赌徒更准确的赔率，具有更好的时间观念，比我们更了解我们的日程表。

情商、同理心和想象力，这些都是在信息不完整或目标冲突的

---

① 1859 年 9 月 30 日，林肯在密尔沃基的威斯康星州农业协会的演讲。

情况下进行判断所必需的品质，它们超出了机器的能力范围。在未来的几十年里，把逻辑任务外包给机器将给我们带来优势，使我们能够腾出时间来进行更富有想象力的追求。在我们教孩子们如何使用数字机器的同时，我们需要将艺术 ——创造美好的事物和讲述有意义的故事 ——融入数字基础教育的新课程，培养他们的同理心和情商。机器短期内不会发展出道德想象力。他们必须依靠我们。

完美的危险

集体记忆的扩展使每个人受益。最容易适应环境的动物是拥有最丰富经验的动物。我们的经验越少，我们就越脆弱。任何一个社会如果定期清除旧的、过时的或非正统观点的集体记忆，就会使自己直接处于危险之中。在 20 个世纪，极权主义政权利用对历史的大规模扭曲和抹杀来操纵未来。本世纪我们见证了神学恐怖分子的暴政，他们摧毁历史和宗教遗址就像他们招摇地杀死敌人一样，他们想让他们的臣民集体失忆。

但自由民主也会以更微妙的方式危及集体记忆。他们对科学进步抱有一种坚定的信念，即"行动中的理性"，它难以观察，但仍然是启蒙运动流传至今的有力遗产。托马斯·杰斐逊认为，人的心智"在某种程度上是完美的，我们至今还无法形成任何概念"。杰斐逊去世后，他所热爱的科学在解码自然语言方面取得了惊人的进步。技术跟上了步伐，灵活而敏捷地运用知识，正如杰斐逊所希望的那样。但是，这些领域中令人印象深刻的成功已经导致了我们对科学的过度依赖，不仅在科学问题上，而且在无数科学不能解决的问题上，都把科学作为一种知识模型。正如科技专家希拉·贾萨诺夫（Sheila Jasanoff）所指出的：“科学把我们的注意力集中在已知的东西上，导致我们对事实的过度依赖。”①即使有科学家认识到研究的局限性，政策仍然鼓励更多的科学研究，这也是科学家群体含蓄鼓励的结果。希拉还谈到，追求完美的知识来解决复杂的问题是毫无意义的。“未定性、无知和不确定性总是存在的。”并不是所有的社会问题都有技术上的解决方案。

这种对进步的世俗信仰起源于基督教的历史观，即人类在神的干预下从恩典和救赎中堕落的宇宙“大戏”。虽然现在完全脱离了神学基础，福音的残余能量仍然存在于世俗信仰中，比如奇迹般的技术干预可以欺骗死亡，甚至在某一天可以击败死亡。但正如物理学家史蒂文·温伯格（Steven Weinberg）所指出的：“科学研究的是哪些东西是真实，而不是哪些东西让我们快乐或幸福。”②在达尔文发现进化及其过程之后，物理和生命科学果断抛弃了人类完美性的模型。在自然界中，没有终点，没有完美，也没有休息站。相反，生命的工作是无止境的适应，而不是渐进式的完美。正如政治哲学家以赛亚·伯林所说：“历史进程没有‘终点’。人类发明了这个概念，因为他们无法面对无止境的冲突这一可能性。”③

---

① "*Science fixes our attention*"; Jasanoff, "Technologies of humility", 33.
② Weinberg, "Reductionism Redux".
③ Berlin, *Russian Thinkers*, 98.

生物学告诫我们要对"完美知识的模型"抱有信心。很久以前，一些生物的遗传发生了变异，它们的附肢不仅适合在水里游动，而且可以作为四肢在陆地上行走或翅膀在空中飞行。鸟类通过飞行适应了天空，但它们能够飞翔是因为它们的一些无用特征在适当环境下变得有用了：可以变成翅膀的附肢。同样，哺乳动物进化出腿并不是为了能走路。哺乳动物能够行走是因为它们遗传了一些预先适应的附肢，这些附肢可以变成腿。谁也说不准生物或文化上的某些不适应在未来可能会成为成功的关键特征。例如，近年来，新经济已从体力劳动生产率转向智力劳动生产率，而那些先前因体力劳动能力处于优势地位的人如今常常被那些智力超群的人——胜利的书呆子们——边缘化。

从过去的知识范式中获取证据，甚至从那些失败的知识范式中获取证据，等同于在遗传密码中携带了不适应的基因。它们可能几百年上千年也派不上用场，但是当我们的环境突然改变——就像我们现在面临的改变，我们偶然携带的这些奇怪的特性、传统或想法可能将帮助我们适应变化。这些被动的适应可能会被证明是有用的。它们变成了替换，继承了原有的特性，而这些特性不是为了最初选择的目的而产生的。适应性的逻辑意味着，一种生物的特征越具有多样性，就越有机会适应环境变化。随着物种灭绝速度的加快，我们越来越深入地了解到多样性对生物的重要性。

你可以把文艺复兴时期古典作家的复兴以及欧洲人热切接纳他们想象为某种形式的文化适应。斯多葛派和伊壁鸠鲁派哲学家的著作在动荡的基督教文化中再次活跃起来。它们被热心的读者用在宗教和政治辩论中，而这些辩论与它们起源的古典世界完全不同。然而在过去的 1000 年里，他们的书被认为是过时、无知，甚至是有害的。在基督教和伊斯兰教的文化兴盛的年代，这些古典思想挣扎求生，它们被摧毁、衰退和消失。一种正统观念通过消除信仰和观点的多样性来取得信息领域的统治地位。但是这些在拜占庭和伊斯兰的文化中心流传下来的文献在时间流逝中获得了全新的价值。

随着全球化的深化，世界变得越来越小，思想的世界也将如此。一元文化使我们像农业世界一样容易遭受灾难性的损失和失败。成为人类的方式有很多种，而我们需要了解更多有关这些方式的知识。我们无法知道任何古老的或看似无关的知识体系在未来会具有怎样的价值。我们对后代的责任是确保他们能够自己决定什么是有价值的知识。

当我们逝去

我们是幸运的物种。我们看到的世界不是它本来的样子，而是我们的头脑从记忆中拼凑出来的。我们创造了一个丰富详细的 4D 立体模型来指导我们的每一个行为。这个模型随着我们和世界的变化而变化。当我们添加新的细节来加深我们对自己和他人的理解时，一些记忆得到了修正和加强，而另一些则逐渐消退。

我们之所以幸运，是因为我们可以很容易地利用他人的记忆，运用与我们的经验完全陌生的知识来强化思维模式。私人的或公共的、自传或历史、真实或虚构，人类的全部记忆都可以在我们的心理模型中占有一席之地。模型越丰富，我们对小说的理解就越敏捷和敏锐，我们也能更快地认识到与我们对世界的理解不太相符的新闻。我们能够在大脑的存档中找到绝对或情感上的匹配，以此来推断我们所感知的含义和意义，而大脑中的存档充满了人类的集体记忆。

从我们祖先第一次发现实物可以扩展他们的思想和感情范围，我们就开始通过自我培养来加速我们的进化。我们对死亡的好奇心和意识，以及我们向未来传播知识的能力，最终成就了一些真正的新东西。我们已经控制了陆地、海洋和天空，按照我们的形象重塑了大自然。我们优化植物和动物的生物化学，使它们为我们所用，用药物来调节我们的身体和思想，跨越时区旅行而不用担心身体的昼夜节律。我们的声音在数字网络的时空中即时回响。正如米沃什所说，人性使我们意识到要超越自然，因为我们生活在对自己的记忆中，也就是在历史中。我们即将扭转长期以来人类和所有其他生命之间的明显区别。到目前为止，我们是唯一能够使用非遗传手段来跨越时间和空间传递信息的物种。将记忆外包成为我们的战略优势至少有 4 万年了。但是现在，我们有了改变遗传物质的能力，也就有可能把它变成人类信息的媒介，我们可以把我们所获得的知识嵌入 DNA 中，并把它传送到未来。

没有任何预警，我们就进入了这个数字数据的新世界。而我们进入这个不受控制的实验已经几十年了，到现在还没有喘过气来。

我们正朝着相反的方向前进 —— 迅速适应和驯化数字世界，同时向未知领域扩张。我们走得越快，我们的道路就越不可预测。1997 年，当我看到图书馆和档案馆将不再保存大量当今历史的"原稿"时，似乎就表明了我们无法迅速适应数字数据的世界，也就无法避免会受到过去的侵蚀或腐败。但自 1997 年以来，我们的机器从过去的碎片中推断出丰富的信息，从鸟类标本、玻璃板底片到破碎的漆片和航海日志，都讲述了一个个不同的故事。我们开始了解我们能承受多大的损失，同时也开始了解我们自己的历史。

今天，我们将书籍视为自然事实。我们并不认为它们是拥有生命的存储机器，尽管那才是它们的本质。只要我们在纸面上印上我们的想法，它们就会开始传播并追求自己的命运。我们学会了如何管理它们，共享它们，并确保它们将人类的对话传递给后代。我们可以开发相同的技能来管理数字存储机器并对其承担责任，使它们比我们更长寿，像书籍一样，"源于人，也源于光辉与高处"。现在，我们要做出决定了。

致　谢

　　这本书和许多书一样，诞生于国会图书馆。我首先要感谢我的朋友温斯顿·塔布（Winston Tabb），他是一位杰出的图书管理员。他把我带进了图书馆，允许我跟着自己的好奇心前行。他给我分享了他在图书馆、版权法和工作中的经验，也分享了作为收藏者和国会图书馆员工的心得，他回答了我所有的问题，他所树立的是一个我能想象得到的最优秀的公共服务的榜样，因为取得正确的成果总是比获得荣誉更重要。当我离开图书馆时，他给了我一本米莉森·索尔比（Millicent Sowerby）所著的《杰斐逊图书馆》（*Jefferson's library*），这本书使我萌发写一本书的念头。

　　图书馆的其他同事也都慷慨地与我分享他们的知识，尤其是萨姆·布莱劳斯基（Sam Brylawski）、迈克尔·格伦伯格（Michael Grunberger）、约翰·Y. 科尔（John Y. Cole）和彼得·范温根（Peter Van Wingen）。同时我也感激两位优秀的图书馆领导，一位是迪安娜·马库姆（Deanna Marcum），感谢她对保护我们的集体记忆和不断获取知识的坚定承诺，也正是她坚定地鼓励我著书；另一位是迈克尔·凯勒（Michael Keller），感谢他对数字时代图书馆未来的无畏奉献。我也要感谢他的同事，他们都是斯坦福大学图书馆的专业人士。

劳伦斯伯克利国家实验室的卡尔·哈伯（Carl Haber）给了我帮助和启发；还有互联网档案馆的布鲁斯特·卡尔（Brewster Kahle）和温迪·哈纳姆拉（Wendy Hanamura）。

我还要感谢无与伦比的艾克·威廉姆斯（Ike Williams）、凯瑟琳·弗林（Katherine Flynn）、彼得·吉纳（Peter Ginna）、罗布·加洛韦（Rob Galloway）、乔治·吉布森（George Gibson）、凯特·维滕伯格（Kate Wittenberg）、梅根·普雷林格（Megan Prelinger）和谢丽尔·赫尔利（Cheryl Hurley）。他们在我写作本书时提供了很多帮助，在我最需要的时候给了我建议。如果书中有事实、判断和解释上的错误或其他错误，都是我一个人的责任。

最重要的是，我要感谢大卫·拉姆齐（David Rumsey），他的地图图书馆是世界上最大的空间记忆——包括人工记忆和数字记忆。他使我精神高昂，脚踏实地。

参考资料

Abbott, Alison. 2009. "Brain imaging skewed." *Nature* 458: 1087.

———. 2013. "Solving the brain." *Nature* 499: 272–74.

Ainsworth, Claire. 2008. "Logbooks Record Weather's History." *Science* 322: 1629.

"All Hands on Deck." 2010. *Science* 330: 431.

AlNoamany, Yasmin, Ahmed AlSum, Michele C. Weigle, and Michael L. Nelson. 2013. "Who and What Links to the Internet Archive?" arXiv: 1309.4016v1 [cs.DL] September 16.

American Memory. http://memory.loc.gov.

American Treasures in the Library of Congress. 1997. Washington, D.C.: Library of Congress.

Angier, Nathalie. 2008. "Gut Instinct's Surprising Role as Precursor to Math." *New York Times*, September 16.

Appenzeller, Tim. 2013. "Old Masters." *Nature* 497: 302–4.

Arthur, W. Brian. 1999. "Complexity and the Economy." *Science* 284: 107–9.

Aubert, M., A. Brumm, M. Ramli, T. Sutikna, E. W. Saptomo, B. Hakim, M. J. Morwood, G. D. van den Bergh, L. Kinsley, and A. Dosseto. 2014. "Pleistocene cave art from Sulawesi, Indonesia." *Nature* 514: 223–27.

Augustine of Hippo. 2006. *Confessions.* 2nd ed. Translated by F. J. Sheed. Indianapolis, IN: Hackett Publishing.

Bacon, Francis. 2008. *Francis Bacon: The Major Works.* Edited by Brian Vickers. New York: Oxford University Press.

Bakewell, Sarah. 2010. *How to Live, or A Life of Montaigne in One Question and Twenty Attempts at an Answer.* New York: Other Press.

Ball, Philip. 2008. "Cellular memory hints at the origins of intelligence." *Nature* 451: 385.

Balter, Michael. 2006. "Radiocarbon Dating's Final Frontier." *Science* 313: 1560–63.

———. 2008. "Why We Are Different: Probing the Gap between Apes and Humans." *Science* 319: 404–5.

———. 2009. "Early Start for Human Art? Ochre May Revise Timeline." *Science* 323: 569.

———. 2009. "On the Origin of Art and Symbolism." *Science* 329: 709–11.

———. 2012. "'Killjoys' Challenge Claims of Clever Animals." *Science* 335: 1036–37.

———. 2013. "Can Animals Envision the Future? Scientists Spar Over New Data." *Science* 340: 909.

Battles, Matthew. 2003. *Library: An Unquiet History*. New York: W. W. Norton.

Bayley, John. 1999. *Elegy for Iris*. New York: Picador.

Beck, Melinda. 2010. "How to Tame Your Nightmares: Theories Teach Sleepers to Change the Ending of Their Dreams—or Even Take Flight." *Wall Street Journal*, July 20.

Bedini, Silvio A. 1990. *Thomas Jefferson: Statesmen of Science*. New York: Macmillan Publishing.

———. 2002. *Jefferson and Science*. Thomas Jefferson Foundation: Monticello Monograph Series.

Berlin, Isaiah. 1978. *Russian Thinkers*. Edited by Henry Hardy and Aileen Kelly. New York: Penguin Books.

Bernhard, Helen, Urs Fischbacher, and Ernst Fehr. 2006. "Parochial altruism in humans." *Nature* 442: 912–15.

Bhattacharjee, Yudhijit. 2008. "A Universe Past the Braking Point." *Science* 322: 1320–21.

———. 2009. "Stars in Dusty Filing Cabinets." *Science* 324: 460–61.

———. 2011. "Peering Back 13 Billion Years, Through a Gravitational Lens." *Science* 332: 522.

Bidney, David. 1947. "Human Nature and the Cultural Process." *American Anthropologist* 49: 375–99.

Bolhuis, Johan J. and Clyde D. L. Wynne. 2009. "Can evolution explain how minds work?" *Nature* 458: 832–33.

Bowler, Peter J. 2003. *Evolution: The History of an Idea*. 3rd ed. Berkeley: University of California Press.

Bowler, Peter J. and Iwan Rhys Morus. 2005. *Making Modern Science: A Historical Survey*. Chicago: University of Chicago Press.

Bowles, Samuel. 2008. "Conflict: altruism's midwife." *Nature* 456: 321–27.

———. 2009. "Did Warfare Among Ancestral Hunter-Gatherers Affect the Evolution of Social Behaviors?" *Science* 325: 1293–97.

Boyd, Robert and Peter J. Richerson. 2005. *The Origin and Evolution of Cultures*. New York: Oxford University Press.

Brook, Edward J. 2005. "Tiny Bubbles Tell All." *Science* 310: 1285–87.

Brown, Donald E. 1999. "Human Nature and History." *History and Theory* 38/4: 138–57.

———. 2004. "Human universals, human nature & human culture." *Daedalus* 2004/3: 47–53.

Brown, Mark J. S. 2011. "The trouble with bumblebees." *Nature* 469: 169–70.

Brumfiel, Geoff. 2011. "Down the petabyte highway." *Nature* 469: 282–83.

———. 2012. "Theorists feast on Higgs data." *Nature* 487: 281.

Buchanan, Mark. 2009. "Secret signals." *Nature* 547: 528–30.

Burrow, J. W. 2000. *The Crisis of Reason: European Thought, 1848–1914.* New Haven, CT: Yale University Press.

Buszáki, György. 2007. "The structure of consciousness." *Nature* 446: 267.

Canfora, Luciano. 1990. *The Vanished Library: A Wonder of the Western World.* Translated by Martin Ryle. Berkeley: University of California Press.

Carr, Annemarie Weyl. 2013. "Reading, Writing, and Books in Byzantium," in *Heaven and Earth, the Art of Byzantium from Greek Collections.* Edited by Anastasia Drandaki, Demetra Papanikola-Bakirtzi, and Anastasia Tourta. Athens: Benaki Museum.

Catalogue of the Library of Thomas Jefferson. 1952. Compiled and annotated by E. Millicent Sowerby. Washington, D.C.: Library of Congress.

Cho, Adrian. 2010. "What Shall We Do With the X-ray Laser?" *Science* 330: 1470–71.

———. 2011. "Have Physicists Already Glimpsed Particles of Dark Matter?" *Science* 331: 112–13.

Clark, Andy. 2008. *Supersizing the Mind: Embodiment, Action, and Cognitive Extension.* New York: Oxford University Press.

Clottes, Jean. 2008. *Cave Art.* London: Phaidon Press.

Cohen, I. Bernard. 1995. *Science and the Founding Fathers: Science in the Political Thought of Thomas Jefferson, Benjamin Franklin, John Adams and James Madison.* New York: W. W. Norton.

Cole, Michael, Karl Levitin, and Alexander Luria. 2010. *The Autobiography of Alexander Luria: A Dialogue with the Making of Mind.* New York: Psychology Press.

Coles, Peter. 2008. "Master of the Universe." *Science* 321: 1637.

Collins, Harry. 2009. "We cannot live by skepticism alone." *Nature* 458: 30–31.

Collins, James P. 2010. "Sailing on an Ocean of 0s and 1s." *Science* 327: 1455–56.

Conard, Nicholas J. 2009. "A female figurine from the basal Aurignacian of Hohle Fels Cave in southwestern Germany." *Nature* 459: 248–52.

Crease, Robert P. 2007. "Human distilleries." *Nature* 450: 350–51.

Culotta, Elizabeth. 2009. "On the Origin of Religion." *Science* 326: 783–87.

Curry, Andrew. 2006. "A Stone Age World Beneath the Baltic Sea." *Science* 314: 1533–35.

Custers, Ruud and Henk Aarts. 2010. "The Unconscious Will: How the Pursuit of Goals Operates Outside of Conscious Awareness." *Science* 329: 47–50.

Dalton, Rex. 2006. "Telling the time." *Nature* 444: 134–35.

———. 2009. "Ice-core researchers hope to chill out." *Nature* 460: 786–87.

Damasio, Antonio. 1999. *The Feeling of What Happens: Body and Emotion in the Making of Consciousness.* New York: Harcourt.

———. 2003. *Looking for Spinoza: Joy, Sorrow, and the Feeling Brain.* New York: Harcourt.

Danchin, Etienne, Luc-Alain Giradeau, Thomas J. Valone, and Richard H. Wagner. 2004. "Public Information: From Nosy Neighbors to Cultural Evolution." *Science* 305: 487–91.

Danielson, Dennis. 2001. "Scientist's birthright." *Nature* 410: 1031.

Danziger, Kurt. 2008. *Marking the Mind: A History of Memory.* Cambridge, UK: Cambridge University Press.

Darwin, Charles. 1964. *On the Origin of Species: A Facsimile of the First Edition.* Cambridge, MA: Harvard University Press.

———. 2011. *The Voyage of the* Beagle. New York: Modern Library.

"Data's shameful neglect." 2009. *Nature* 461: 45.

Davidson, Richard J. 2002. "Synaptic Substrates of the Implicit and Explicit Self." *Science* 296: 268.

De Martino, Benedetto, Dharsan Kumaran, Ben Seymour, and Raymond J. Dolan. 2006. "Frames, Biases, and Rational Decision-Making in the Human Brain." *Science* 313: 684–87.

Deacon, Terrence W. 1998. *The Symbolic Species: The Co-Evolution of Language and the Brain.* New York: W. W. Norton.

Dean, L. G., R. L. Kendal, S. J. Schapiro, B. Thierry, and K. N. Laland. 2012. "Identification of the Social Cognitive Processes Underlying Human Cumulative Culture." *Science* 335: 1114–18.

Dear, Peter. 2006. *The Intelligibility of Nature: How Science Makes Sense of the World.* Chicago: University of Chicago Press.

———. 2007. "The birth of science." *Nature* 446: 731.

Dolan, R. J. 2002. "Emotion, Cognition, and Behavior." *Science* 298: 1191–94.

Douglas, Mary. 2000. "Deep Thoughts on the Forbidden." *Science* 289: 2288.

Doyle, Arthur Conan. 1976. *The Complete Original Illustrated Sherlock Holmes.* Secaucus, NJ: Castle Books.

———. 1995. *The Adventures of Sherlock Holmes.* Norwalk, CT: Easton Press.

Drake, Nadia. 2014 "Cloud computing beckons scientists." *Nature* 509: 543–44.

Dudai, Yadin. 2006. "A journey to remember." *Nature* 441: 157–58.

Dudai, Yadin and Mary Carruthers. "The Janus face of Mnemosyne." *Nature* 434 (2005): 567.

Dyson, Freeman. 2009. "Leaping into the Grand Unknown." *New York Review of Books* 56/6: 59–61.

Ede, Siân. 2007. "An illusionary rival." *Nature* 448: 995–96.

Edelman, Gerald M. and Giulio Tononi. 2000. *A Universe of Consciousness: How Matter Becomes Imagination.* New York: Basic Books.

Edgerton, David. 2007. *The Shock of the Old: Technology and Global History Since 1900.* New York: Oxford University Press.

Eisenberg, Anne. 2000. "What's Next: An Electronic Circuit That Draws Its Inspiration from Life." *New York Times,* June 29.

Eisenstein, Elizabeth L. 1983. *The Printing Revolution in Early Modern Europe.* Cambridge, UK: Cambridge University Press.

Ellis, Joseph J. 1998. *American Sphinx: The Character of Thomas Jefferson.* New York: Vintage Books.

Evolution: The First Four Billion Years. 2009. Edited by Michael Ruse and Joseph Travis. Cambridge, MA: Belknap Press of Harvard University Press.

Febvre, Lucien and Henri-Jean Martin. 1997. *The Coming of the Book: The Impact of Printing 1450–1800.* Translated by David Gerard. London: Verso Classics.

Flanagan, Owen. 2011. "Knowing and feeling." *Nature* 469: 160–61.

Forth, Christopher E. 2009. "Imagining Our Ancient Future." *Science* 325: 677–78.

Frame, Donald M. 1984. *Montaigne: A Biography.* San Francisco: North Point Press.

Franklin, Benjamin. 1743. "A Proposal for Promoting Useful Knowledge in the British Plantations in America." National Humanities Center. http://nationalhumanitiescenter.org/pds/becomingamer/ideas/text4/amerphilsociety.pdf.

Frazzetto, Giovanni. 2012. "Powerful acts." *Nature* 482: 466–67.

Friedman, Jerome. 1999. "Creativity in Science." American Council of Learned Societies Occasional Paper 47.

From a Life of Physics. 1989. Contributions by H. A. Bethe, P. A. M. Dirac, W. Heisenberg, E. P. Wigner, O. Klein, and L. D. Landau (by E. M. Lifshitz). Singapore: World Scientific Publishing.

Gaddis, John Lewis. 2002. *The Landscape of History: How Historians Map the Past.* New York: Oxford University Press.

Galison, Peter. 2003. *Einstein's Clocks, Poincaré's Maps: Empires of Time*. New York: W. W. Norton.

Gazzaniga, Michael S. 2000. *The Mind's Past*. Berkeley: University of California Press.

———. 2005. *The Ethical Brain: The Science of Our Moral Dilemmas*. New York: HarperCollins.

Gee, Henry. 1999. *In Search of Deep Time: Beyond the Fossil Record to a New History of Life*. New York: Free Press.

Geertz, Clifford. 1983. *Local Knowledge: Further Essays in Interpretive Anthropology*. 3rd ed. New York: Basic Books.

Geography and Revolution. 2005. Edited by David N. Livingstone and Charles W. J. Withers. Chicago: University of Chicago Press.

Gervais, William G. and Ara Norenzayan. 2012. "Analytical Thinking Promotes Religious Disbelief." *Science* 336: 493–96.

Gibson, Ellen. 2011. "People become attached to smartphones." *Newsobserver.com*, August 1.

Giordano, Ralph, G. 2012. *The Architectural Ideology of Thomas Jefferson*. Jefferson, NC: McFarland.

Gleick, James. 2011. *The Information: A History. A Theory. A Flood*. New York: Pantheon Books.

Glimcher, Paul W. and Aldo Rustichini. 2004. "Neuronal Economics: The Consilience of Brain and Decision." *Science* 306: 447–52.

Goodrum, Charles A. 1980. *Treasures of the Library of Congress*. New York: Harry N. Abrams.

Goodrum, Charles A. and Helen W. Dalrymple. 1982. *Library of Congress*. 2nd ed. Boulder, CO: Westview Press.

Gould, Stephen Jay. 1982. "Nonmoral Nature." *Natural History* 91/2.

———. 1987. *Time's Arrow, Time's Cycle: Myth and Metaphor in the Discovery of Geological Time*. Cambridge, MA: Harvard University Press.

Greenblatt, Stephen. 2011. *The Swerve: How the World Became Modern*. New York: W. W. Norton.

Greenfield, Susan. 2000. *The Private Life of the Brain: Emotions, Consciousness, and the Secrets of the Self*. New York: John Wiley and Sons.

Gruber, Howard E. 1981. *Darwin on Man: A Psychological Study of Scientific Creativity*. 2nd ed. Chicago: University of Chicago Press.

Guise, Kevin, Karen Kelly, Jennifer Romanowski, Kai Vogeley, Steven M. Platek, Elizabeth Murray, and Julian Paul Keenan. 2007. "The Anatomical and Evolutionary Relationship between Self-awareness and Theory of Mind." *Human Nature* 18: 132–52.

Hacking, Ian. 2004. "Minding the Brain." *New York Review of Books* 51, June 24.

Haidt, Jonathan. 2007. "The New Synthesis in Moral Psychology." *Science* 316: 998–1002.

"Half Truths." 2008. *Science* 337: 270.

Hassabis, Demis, Dharshan Kumaran, Seralynne D. Vann, and Eleanor A. Maguire. "Patients with Hippocampal Amnesia Cannot Imagine New Experiences." 2007. *Proceedings of the National Academy of Sciences of the United States of America* 104: 1726–31.

Hauser, Oliver P., David G. Rand, Alexander Peysakhovich, and Martin A. Nowak. "Cooperating with the future." 2014. *Nature* 511: 220–23.

Hayden, Erika Check. 2009. "The other strand." *Nature* 457: 776–79.

Hedman, Matthew. 2007. *The Age of Everything: How Science Explores the Past*. Chicago: University of Chicago Press.

Heisenberg, Martin. 2009. "Is free will an allusion?" *Nature* 459: 164–65.

Hobson, J. Allan. 1999. *Consciousness*. New York: Scientific American Library.

Holtz, Robert Lee. 2007. "Most Science Studies Appear to Be Tainted by Sloppy Analysis." *Wall Street Journal*, September 14.

Hughes, Thomas P. 2004. *Human-Built World: How to Think About Technology and Culture*. Chicago: University of Chicago Press.

"Humanity and evolution." 2009. *Nature* 457: 763–64.

Hunt, Lynn. 2008. *Measuring Time, Making History*. Budapest-New York: Central European University Press.

Hutson, James H. 1998. *Religion and the Founding of the American Republic*. Washington, D.C.: Library of Congress.

Information and the Nature of Reality: From Physics to Metaphysics. 2010. Edited by Paul Davies and Niels Henrik Gregersen. New York: Cambridge University Press.

Ioannidis, John P. A. 2005. "Why Most Published Research Findings Are False." *PLoS Medicine* 2: 0696–701.

Jablonka, Eva and Marion J. Lamb. 2005. *Evolution in Four Dimensions: Genetic, Epigenetic, Behavioral, and Symbolic Variation in the History of Life*. Cambridge, MA: MIT Press.

Jackson, Stephen T. 2009. "Alexander von Humboldt and the General Physics of the Earth." *Science* 324: 596–97.

Jackson, Stephen T. and Richard J. Hobbs. 2009. "Ecological Restoration in the Light of Ecological History." *Science* 325: 567–68.

James, William. 1950. *The Principles of Psychology*. New York: Dover Publications.

———. 1987. *Writings 1902–1910*. New York: Library of America.

———. 1992. *Writings 1878–1899*. New York: Library of America.

———. 1994. *The Varieties of Religious Experience: A Study in Human Nature*. New York: Modern Library.

Jasanoff, Sheila. 2007. "Technologies of humility." *Nature* 450: 33.

Jeanneney, Jean-Noël. 2007. *Google and the Myth of Universal Knowledge*. Translated by Teresa Lavender Fagan. Chicago: University of Chicago Press.

Jefferson, Thomas. 1984. *Writings*. New York: Library of America.

John, Jeremy Leighton. 2009. "The future of saving our past." *Nature* 459: 775–76.

Kagan, Jerome. 2004. "The uniquely human in human nature." *Daedalus* 2004/3: 77–88.

———. 2006. *An Argument for Mind*. New Haven, CT: Yale University Press.

———. 2007. *What Is Emotion? History, Measures, and Meaning*. New Haven, CT: Yale University Press.

Kahneman, Daniel. 2011. *Thinking, Fast and Slow*. New York: Farrar, Straus and Giroux.

Kandel, Eric R. 2006. *In Search of Memory: The Emergence of a New Science of Mind*. New York: W. W. Norton.

———. 2012. *The Age of Insight: The Quest to Understand the Unconscious and Art, Mind, and Brain. From Vienna 1900 to the Present*. New York: Random House.

Kandel, Eric R. and Larry Squire. 2000. "Neuroscience: Breaking Down Scientific Barriers to the Study of the Brain." *Science* 290: 1113–20. DOI: 10.1126/science.290.5494.113.

Keil, Frank C. 2011. "Science Starts Early." *Science* 331: 1022–23.

Kemp, Christopher. 2015. "The endangered dead." *Nature* 518: 292–94.

Kerr, Richard A. 2005. "Ocean Flow Amplified, Not Triggered, Climate Change." *Science* 307: 1854.

King, Barbara J. 2011. "Is mental time travel what makes us human?" *Times Literary Supplement*, October 26.

Krauss, Lawrence M. 2011. "A Quantum Life." *Chronicle of Higher Education*, August 20.

Knight, Robert T. 2007. "Neural Networks Debunk Phrenology." *Science* 316: 1578–79.

Kolbert, Elizabeth. 2007. "Crash Course." *New Yorker*, May 14: 68–76.

Kress, John H. 2014. "Valuing Collections." *Science* 346: 1310.

Kurzban, Robert and H. Clark Barrett. 2012. "Origins of Cumulative Culture." *Science* 335: 1056–57.

Laland, Kevin N., Kim Sterelny, John Odling-Smee, William Hoppitt, and Tobias Uller. 2011. "Cause and Effect in Biology Revisited: Is Mayr's Proximate-Ultimate Dichotomy Still Useful?" *Science* 334: 1512–16.

Laughlin, Robert B. 2005. *A Different Universe: Reinventing Physics from the Bottom Down*. New York: Basic Books.

Lazer, David, Alex Pentland, Lada Adamic, Sinan Aral, Albert-László Barabási, Devon Brewer, Nicholas Christakis, Noshir Contractor, James Fowler, Myron Gutmann, Tony Jebara, Gary King, Michael Macy, Deb Roy, and Marshall Van Alstyne. 2009. "Computational Social Science." *Science* 323: 721–23.

Lee, Sue-Hyun, Jun-Hyeok Choi, Nuribalhae Lee, Hye-Ryeon Lee, Jae-Ick Kim, Nam-Kyung Yu, Sun-Lim Choi, Seung-Hee Lee, Hyoung Kim, and Bong-Kiun Kaang. 2008. "Synaptic Protein Degradation Underlies Destabilization of Retrieved Fear Memory." *Science* 319: 1253–56.

Lewis-Williams, David. 2002. *The Mind in the Cave: Consciousness and the Origins of Art.* London: Thames and Hudson.

Lewis-Williams, David and David Pearce. 2005. *Inside the Neolithic Mind: Consciousness, Cosmos, and the Realm of the Gods.* London: Thames and Hudson.

Lewontin, Richard. 2005. "The Wars over Evolution." *New York Review of Books*, October 20, 51–54.

Liberman, Nira and Yaacov Trope. 2008. "The Psychology of Transcending the Here and Now." *Science* 322: 1201–5.

Livingstone, David N. 2003. *Putting Science in Its Place: Geographies of Scientific Knowledge.* Chicago: University of Chicago Press.

Lloyd, Seth. 2007. "The quantum was quirky." *Nature* 450: 1167–68.

———. 2008. "Quantum Information Matters." *Science* 319: 1209–11.

"Long-term storage in DNA," *Nature* 518: 276.

Lubenov, Evgueniy V. and Athanassios G. Siapas. 2009. "Hippocampal theta oscillations are traveling waves." *Nature* 459: 534–39.

Luria, A. R. 1987. *The Mind of the Mnemonist: A Little Book about a Vast Memory.* Translated by Lynn Solotaroff. Cambridge, MA: Harvard University Press.

Lyons, Jonathan. 2013. *The Society for Useful Knowledge.* New York: Bloomsbury Press.

MacCulloch, Diarmaid. 2003. *The Reformation: A History.* New York: Penguin Books.

Macdougall, Doug. 2008. *Nature's Clocks: Scientists Measure the Age of Almost Everything.* Berkeley: University of California Press.

MacLeod, Christine. 2009. "The invention of heroes." *Nature* 460: 572–73.

Maier, Pauline. 1997. *American Scripture: The Making of the Declaration of Independence.* New York: Alfred A. Knopf.

Malakoff, David. 2000. "Does Science Drive the Productivity Train?" *Science* 289: 1274–76.

Mann, Adam. 2011. "The hunting of the dark." *Nature* 471: 433–35.

Marcus, Amy Dockser. 2012. "The Hard Science of Monkey Business." *Wall Street Journal*, March 30.

Margolit, Avishai. 2002. *The Ethics of Memory.* Cambridge, MA: Harvard University Press.

Martin, Edwin T. 1952. *Thomas Jefferson: Scientist.* New York: Collier Books.

Mason, Malia F., Michael I. Norton, John D. van Horn, Daniel M. Wegner, Scott T. Grafton, and C. Neil Macrae. 2007. "Wandering Minds: The

Default Network and Stimulus-Independent Thought." *Science* 315: 393–95.

Mayr, Ernst. 1982. *The Growth of Biological Thought: Diversity, Evolution, and Inheritance.* Cambridge, MA: Belknap Press of Harvard University Press.

———. 1992. "The Idea of Teleology." *Journal of the History of Ideas* 52/1: 117–35.

———. 1997. *This Is Biology: The Science of the Living World.* Cambridge, MA: Belknap Press of Harvard University Press.

———. 2004. *What Makes Biology Unique? Considerations on the Autonomy of a Scientific Discipline.* New York: Cambridge University Press.

McCarthy, James J. 2009. "Reflections On: Our Planet and Its Life, Origins, and Futures." *Science* 326: 1646–55.

McCook, Allison. 2011. "Shelved." *Nature* 47: 270–72.

Mehta, Mayank. 2007. "Fascinating rhythm." *Nature* 446: 27.

Mellars, Paul. 2009. "Origins of the female image." *Nature* 459: 176–77.

"Memory failure detected." 2011. *Times Higher Education.*

Menand, Louis. 2001. "A Marketplace of Ideas." American Council of Learned Societies Occasional Paper 49.

"Microscopic models." 2009. *Nature* 459: 615.

Miller, Greg. 2004. "Behavioral Neuroscience Uncaged." *Science* 306: 432–34.

———. 2007. "A Surprising Connection Between Memory and Imagination." *Science* 315: 312.

Miller, Jonathan F., Markus Neufang, Alec Solway, Armin Brandt, Michael Trippel, Irina Mader, Stefan Hefft, Max Merkow, Sean M. Polyn, Joshua Jacobs, Michael J. Kahana, Andreas Schulze-Bonhage. 2013. "Neural Activity in Human Hippocampal Formation Reveals the Spatial Context of Retrieved Memories." *Science* 342: 1111–14.

Milosz, Czeslaw. 1982. *Visions from San Francisco Bay.* Translated by Richard Lourie. New York: Farrar, Straus and Giroux.

———. 1983. *The Witness of Poetry.* Cambridge, MA: Harvard University Press.

Miyashita, Yasushi. 2004. "Cognitive Memory: Cellular and Network Machineries and Their Top-Down Control." *Science* 306: 435–40.

Montaigne, Michel de. 1943. *The Complete Works of Montaigne: Essays. Travel Journal. Letters.* Translated and edited by Donald M. Frame. Stanford: Stanford University Press.

Mulcahy, Nicholas J. and Josep Call. 2006. "Apes Save Tools for Future Use." *Science* 312: 1038–40.

Myin, Erik. 2010. "Unbounding the Mind." *Science* 330: 589–90.

Niebuhr, Reinhold. 1952. *The Irony of American History.* Chicago: University of Chicago Press.

Nisbet, Robert. 1980. *History of the Idea of Progress.* New York: Basic Books.

Nitz, Douglas. 2009. "The inside story on place cells." *Nature* 461: 889–90.

Nordling, Linda. 2010. "Researchers launch hunt for endangered data." *Nature* 468: 17.

Normile, Dennis. 2012. "Experiments Probe Languages' Origins and Development." *Science* 331: 408–11.

O'Connor, Ralph J. 2008. "Illuminating the Details of Deep Time." *Science* 321: 1447–48.

O'Hara, Kieron, Richard Morris, Nigel Shadbolt, Graham J. Hitch, Wendy Hall, and Neil Beagrie. 2006. "Memory for life: a review of the science and technology." *Journal of the Royal Society* 3: 351–65.

Oppezzo, Marily and Daniel L. Schwartz. 2014. "Give Your Ideas Some Legs: The Positive Effect of Walking on Creative Thinking." *Journal of Experimental Psychology: Learning, Memory, and Cognition* 40: 1142–52.

O'Reilly, Randall C. 2006. "Biologically Based Computational Models of High-Level Cognition." *Science* 314: 91–94.

Ostroff, Linnaea. 2011. "Recalling the future." *Nature* 474: 34.

Pääbo, Svante. 2014. *Neanderthal Man: In Search of Lost Genomes.* New York: Basic Books.

Padoa-Schioppa, Camillo and John A. Assad. 2006. "Neurons in the orbito-frontal cortex encode economic value." *Nature* 441: 223–26.

Page, F. W. 1895. "Our Library." *University of Virginia Alumni Bulletin* 1–2: 78–85.

Palmer, Linda and Gary Lynch. 2010. "A Kantian View of Space." *Science* 328: 1487–88.

Pennisi, Elizabeth. 2009. "On the Origin of Cooperation." *Science* 325: 1196–99.

Pesic, Peter. 1999. "Wrestling With Proteus: Francis Bacon and the 'Torture' of Nature." *Isis* 90/1:81–94.

Pico, Richard M. 2002. *Consciousness in Four Dimensions: Biological Relativity and the Origins of Thought.* New York: McGraw-Hill.

Pierpont, Claudia Roth. 2004. "The Measure of America." *New Yorker,* March 8, 48–63.

Plato. 1925. *Phaedrus: Plato in Twelve Volumes.* Vol. 9. Translated by Harold N. Fowler. Cambridge, MA: Harvard University Press; London: William Heinemann.

Pollack, Andrew. 2011. "DNA Sequencing Caught in Deluge of Data." *New York Times,* November 30.

Pollack, Robert. 1999. *The Missing Moment: How the Unconscious Shapes Modern Science.* Boston: Houghton Mifflin.

Powell, Adam, Stephen Shannon, and Mark G. Thomas. 2009. "Late Pleistocene Demography and the Appearance of Modern Human Behavior." *Science* 324: 1298–1301.

Preserving Our Digital Heritage: Plan for the National Digital Information Infrastructure and Preservation Program. 2002. Washington, D.C.: Library of Congress.

Pronin, Emily. 2008. "How We See Ourselves and How We See Others." *Science* 320: 1177–80.

Quammen, David. 2006. *The Reluctant Mr. Darwin*. New York: W. W. Norton.

Raddick, M. Jordan and Alexander S. Szalay. 2012. "The Universe Online." *Science* 329: 1028–29.

Raichle, Marcus E. 2006. "The Brain's Dark Energy." *Science* 314: 1249–50.

Ramirez, Steve, Xu Liu, Pei-Ann Lin, Junghyup Suh, Michele Pignatelli, Roger L. Redondo, Tomás J. Ryan, and Susumu Tonegawa. 2013. "Creating a False Memory in the Hippocampus." *Science* 341: 387–91.

Reich, Eugenie Samuel. 2011. "Tevatron's legacy set to disappear." *Nature* 474: 16–17.

Richerson, Peter J. and Robert Boyd. 2005. *Not by Genes Alone. How Culture Transforms Human Evolution*. Chicago: University of Chicago Press.

Richet, Pascal. 2007. *A Natural History of Time*. Translated by John Venerella. Chicago: University of Chicago Press.

Ricoeur, Paul. 2004. *Memory, History, Forgetting*. Translated by Kathleen Blamey and David Pellauer. Chicago: University of Chicago Press.

Robinson, Andrew. 2008. "A century of puzzling." *Nature* 453: 990–91.

Rodden, Appletree. 2011. "What makes us laugh." *Nature* 473: 450.

Roediger, H. L. III and K. A. DeSoto. 2014. "Forgetting the Presidents." *Science* 346: 1106–9.

Ross, Sydney. 1962. "Scientist: the Story of Word." *Annals of Science* 18, 2: 65–85.

Rossi, Paolo. 1984. *The Dark Abyss of Time: The History of the Earth and the History of Nations from Hooke to Vico*. Translated by Lydia G. Cochrane. Chicago: University of Chicago Press.

———. 2000. *Logic and the Art of Memory: The Quest for a Universal Language*. Translated by Stephen Clucas. Chicago: University of Chicago Press.

Rudwick, Martin J. S. 2005. *Bursting the Limits of Time: The Reconstruction of Geohistory in the Age of Revolution*. Chicago: University of Chicago Press.

———. 2008. *Worlds Before Adam. The Reconstruction of Geohistory in the Age of Reform*. Chicago: University of Chicago Press.

[Rumsey], Abby Smith. 2003. "Authenticity and Artifact: When Is a Watch Not a Watch?" *Library Trends* 52/1: 172–82.

Sahakian, Barbara, Andrew Lawrence, Luke Clark, and Jamie Nicole Labuzetta. 2008. "The innovative brain." *Nature* 456: 168–69.

Sarewitz, Daniel. 2012. "Beware the creeping cracks of bias." *Nature* 485: 149.

Schacter, Daniel L. and Donna Rose Addis. 2007. "The ghosts of past and future." *Nature* 445: 27.

Schacter, D. L., D. R. Addis, and R. L. Buckner. 2007. "Remembering the past to imagine the future: the prospective brain." *Nature Reviews. Neuroscience* 9: 675–661.

Schnabel, Jim. 2009. "Rethinking rehab." *Nature* 458: 25–27.

Schrope, Mark. 2006. "The real sea change." *Nature* 443: 622–24.

Schubert, Stephen Blake. 1993. "The Oriental Origins of the Alexandrian Library." *Libri* 43/2: 142–72.

Science of Memory: Concepts. 2007. Edited by Henry L. Roediger III, Yadin Dudai, and Susan M. Fitzpatrick. New York: Oxford University Press.

Shapin, Steven. 1996. *The Scientific Revolution.* Chicago: University of Chicago Press.

———. 2001a. "How to Be Antiscientific." In *The One Culture? A Conversation about Science.* Edited by J. A. Labinger and Harry Collins. Chicago: University of Chicago Press.

———. 2001b. "Proverbial Economies: How an Understanding of Some Linguistic and Social Features of Common Sense Can Throw Light on More Prestigious Bodies of Knowledge, Science for Example." *Social Studies of Science* 31/5: 713–69.

Sharp, Phillip A. 2014. "Meeting Global Challenges: Discovery and Innovation through Convergence." *Science* 348: 1468–71.

Shaw, Jonathan and Jennifer Carling. 2008. "Eye on the Universe." *Harvard Magazine* July–August: 30–35.

Shettleworth, Sara J. 2007. "Planning for breakfast." *Nature* 445: 825–26.

Shryock, Andrew and Daniel Lord Smail. 2011. *Deep History. The Architecture of Past and Present.* Berkeley: University of California Press.

———. 2013. "History and the 'Pre.'" *American Historical Review* 118: 709–37.

Sibum. H. Otto. 2004. "What Kind of Science Is Experimental Physics?" *Science* 306: 60–61.

Skoyles, John R. 2010. "Optimizing Scientific Reasoning." *Science* 330: 1477.

Smail, Daniel Lord. 2008. *On Deep History and the Brain.* Berkeley: University of California Press.

Smith, Eliot R. and Diane M. Mackie. 2009. "Surprising Emotions." *Science* 323: 215–16.

Smolin, Lee. 2010. "Space-time turn around." *Nature* 467: 1034–35.

Snyder, Laura J. 2011. *The Philosophical Breakfast Club.* New York: Broadway Books.

Sparrow, Betsy, Jenny Liu, and Daniel M. Wegner. 2011. "Google Effects on Memory. Cognitive Consequences of Having Information at Our Fingertips." *Science* 333: 776–78.

Squire, Larry R. and Eric R. Kandel. 1999. *Memory: From Mind to Molecules.* New York: Scientific American Library.

Stafford, Ned. 2010. "Science in the digital age." *Nature* 467: S19–S21.

Stirling, Andy. 2010. "Keep it complex." *Nature* 468: 1029–31.

Suddendorf, Thomas. 2006. "Foresight and Evolution of the Human Mind." *Science* 312: 1006–7.

"Sustainable Economics for a Digital Planet: Ensuring Long-term Access to Digital Information. Final Report of Blue Ribbon Task Force on Sustainable Digital Preservation and Access." 2010.

Szathmáry, Eőrs and Szabolcs Számadó. 2008. "Language: A Social History of Words." *Nature* 456: 40–41.

Talmi, Deborah and Chris Frith. 2007. "Feeling great about doing right." *Nature* 446: 865–66.

Tattersall, Ian. 2012. *Masters of the Planet: The Search for Our Human Origins.* New York: Palgrave McMillan.

Tenenbaum, Joshua B., Charles Kemp, Thomas L. Griffiths, and Noah D. Goodman. 2011. "How to Grow a Mind: Statistics, Structure, and Abstraction." *Science* 331: 1279–85.

The 1812 Catalogue of the Library of Congress. A Facsimile. 1982. Washington, D.C.: Library of Congress.

The Anatomy of Memory: An Anthology. 1996. Edited by James McConkey. New York: Oxford University Press.

"The Evidence in Hand: Report of the Task Force on the Artifact in Library Collections." 2001. Washington, D.C.: Council on Library and Information Resources.

"The human epoch." 2011. *Nature* 473: 254.

The Jefferson Bicentennial 1743–1943: A Catalogue of the Exhibitions in the Library of Congress. 1943. Washington, D.C.: Library of Congress.

The Legacy of Isaiah Berlin. 2001. Edited by Mark Lilla, Ronald Dworkin, and Robert Silvers. New York: New York Review of Books.

"The map in your head." 2009. *Nature* 459: 477.

Thomas Jefferson's Library: A Catalog with the Entries in His Own Order. 1989. Edited by James Gilreath and Doulas L. Wilson. Washington, D.C.: Library of Congress.

Thomas Jefferson's Poplar Forest: A Private Place. 2002. Corporation for Jefferson's Poplar Forest.

Thompson, Scott M. and Hayley A. Mattison. 2009. "Secret of synapse specificity." *Nature* 458: 296–97.

Thomson, Keith. 2012. *Jefferson's Shadow: The Story of His Science.* New Haven: Yale University Press.

Thurman, Judith. 2008. "First Impressions: What Does the World's Oldest Art Say About Us?" *New Yorker*, June 23, 58–67.

Turner, Fred. 2006. *From Counterculture to Cyberculture: Stewart Brand, the Whole Earth Network, and the Rise of Digital Utopianism.* Chicago: University of Chicago Press.

———. 2009. "Capturing digital lives." *Nature* 461: 1206–8.

Ulam, S. M. 1991. *Adventures of a Mathematician.* Berkeley: University of California Press.

Underwood, Emily. 2014. "Brain's GPS Finds Top Honor." *Science* 346: 149.

Velez, Juan-Pablo. 2011. "An Unusual Library Finds a Home." *New York Times*, November 12.

"Vive la révolution." 2011. *Nature* 469: 443.

Vogel, Gretchen. 2004. "Behavioral Evolution: The Evolution of the Golden Rule." *Science* 303: 1128–31.

Von Baeyer, Hans Christian. 2004. *Information: The New Language of Science.* Cambridge, MA: Harvard University Press.

von Neumann, John. 2002. *The Computer and the Brain.* 2nd ed. New Haven, CT: Yale University Press.

Weinberg, Steven. 1987. "Newtonianism, reductionism, and the art of congressional testimony." *Nature* 330: 433–37.

———. 1995. "Reductionism Redux." *New York Review of Books*, 42/15.

Whiten, Andrew. 2014. "Incipient tradition in wild chimpanzees." *Nature* 514: 178–79.

Wigner, Eugene. 1960. "The Unreasonable Effectiveness of Mathematics in Natural Sciences." *Communications in Pure and Applied Mathematics* 13/1.

———. 1992. *The Recollections of Eugene P. Wigner as Told to Andrew Szanton.* New York: Basic Books.

Willis, K. J. and H. J. B. Birks. 2006. "What Is Natural? The Need for a Long-Term Perspective and Biodiversity Conservation." *Science* 314: 1261–65.

Wilson, Douglas L. 1984. "Sowerby Revisited: The Unfinished Catalogue of Thomas Jefferson's Library." *William and Mary Quarterly* 36: 503–23.

Wilson, Edward O. 1998. *Consilience: The Unity of Knowledge.* New York: Alfred A. Knopf.

———. 2012. "On the Origins of the Arts." *Harvard Magazine*, May–June.

Wolf, Maryanne. 2007. *Proust and the Squid: The Story and Science of the Reading Brain.* New York: Harper Perennial.

Wood, Gordon S. 2006. *Revolutionary Characters: What Made the Founders Different.* New York: Penguin Books.

Yang, Guang, and Cora Sau Wan Lai, Joseph Cichon, Lei Ma, Wei Li, Wen-biao Gan. 2014. "Sleep promotes branch-specific formation of dendritic spines after learning." *Science* 344: 1173–78.

Yates, Frances A. 2001. *The Art of Memory*. London: Pimlico.

Zimmer, Carl. 2009. "On the Origin of Life on Earth." *Science* 323: 198–99.

———. 2011. "Nonfiction: Nabokov Theory on Butterfly Evolution is Vindicated." *New York Times*, January 25.

图书在版编目（CIP）数据

互联网没有记忆 / (美) 艾比·史密斯·拉姆齐著；
史兵译. -- 北京：九州出版社, 2020.9
　　ISBN 978-7-5108-9286-8

　　Ⅰ.①互⋯ Ⅱ.①艾⋯ ②史⋯ Ⅲ.①信息管理
Ⅳ.①G203

中国版本图书馆CIP数据核字(2020)第123667号

著作权合同登记号：01-2020-4384

互联网没有记忆

作　　者	［美］艾比·史密斯·拉姆齐　著　史　兵　译
责任编辑	周　昕
封面设计	墨白空间·曾艺豪
出版发行	九州出版社
地　　址	北京市西城区阜外大街甲35号（100037）
发行电话	（010）68992190/3/5/6
网　　址	www.jiuzhoupress.com
电子信箱	jiuzhou@jiuzhoupress.com
印　　刷	北京盛通印刷股份有限公司
开　　本	889 毫米×1194 毫米　　32 开
印　　张	7.25
字　　数	149 千字
版　　次	2020 年 11 月第 1 版
印　　次	2020 年 11 月第 1 次印刷
书　　号	ISBN 978-7-5108-9286-8
定　　价	38.00元